中國疆域沿革史

從夏商周到民國初年，中國地理史之開山巨作

顧頡剛，史念海 著

歷久彌新、傳承悠遠的華夏文明

✕

韋編三絕、刻苦鑽研的民初學者

中國第一部地理文化通史，
在此隆重登場！

崧燁文化

目錄

目錄

第十四章　西晉統一後之疆域及其地方制度

第十五章　東晉南北朝疆域概述

第十六章　隋代疆域概述

第十七章　唐代疆域概述

第十八章　五代割據時期疆域概述

第十九章　宋代疆域概述

目錄

前言

　　顧頡剛先生要為中國文化史撰述《中國疆域沿革史》一書，然以諸務縈身，無暇執筆，要我先為搜集材料及起草。

　　一九三四年禹貢學會初創，翌年得張石公（國淦）先生捐贈房舍，作為會址。顧先生邀我先期移居禹貢學會之內，以便著手進行工作。

　　當時正是戰亂時期，幾有不可終日之勢。顧先生曾感慨地說：「吾人處於今日，深感外侮之淩逼，國力之衰弱，不惟漢唐盛業難期再現，即先民遺土，亦岌岌莫保，衷心忡忡，無任憂懼。」故承應撰著此書，實有深意。顧先生一再指出，必須詳細論述疆域損益及其演變蹤跡，寸土皆應珍視，不能令其輕易淪喪，這不僅是口頭的指示，而且在書中開篇明白寫入。

　　顧先生上述指示，實為本書框架輪廓，大綱目錄即依此制定。目錄中特設〈明代長城和九邊〉、〈清代後期失地〉等章節，亦有所指。論述歷代疆域，涉及許多具體地名，若一一備舉，悉以入於文內，顯得繁瑣累贅。我將其分別列成表格，既清眉目，亦可少占篇幅。

　　以前我在大學讀書時，曾聽過譚其驤先生講授《中國國家歷史地理》的課程。譚先生很會講課，上課時只帶一些卡片，就滔滔不絕地講起來，既不發講義，也不繪製地圖和表格，學生只是聽課記筆記。在起草中，我翻閱過我所記筆記，由於和顧先生的指示以及寫作要求差距較大，很難配合。特別是顧先生在本書目錄開端緒論之後，列有「中國疆域沿革史已有的成績」一章，筆記中無此內容可供參考，而疆域沿革之學有其歷史淵源，歷代學人咸有撰著，非一朝一代史事，起草此章要遍覽前哲時賢的著述，我深感難於措手。這些情形，我皆曾坦率地向顧先生談過。顧先生鼓勵我從頭學起，而且給我一年多的時間，作為我在禹貢學會的工作。在這不長的時間裡，我只好

埋頭苦讀，翻檢有關圖書。這使我能博覽和參考古今許多學者的著述和學說，不囿於一家之言。在苦讀中，時時得到顧先生的指點，又不時和當時在禹貢學會工作的韓儒林、童書業、張維華諸先生共同研討，使我得到不少進益。在起草工作中也曾徵詢過諸先生的論點和意見，其中尤以童書業先生的為多，但都沒有注出他們的大名，因為都僅是口頭的談論，不是著作，無從為之注出。

總而言之，全書的框架輪廓以及大綱目錄都有顧先生的指示，有規矩可依，所謂起草工作只是依章節題目寫文章，看起來似乎不會很費力，但實際做起來卻非常吃力。除了前面提到的「已有的成績」一章外，由於這本書以論述歷代疆域變遷為主，舊日所謂正史大都有〈地理志〉或〈郡國志〉，就算是有缺漏的，後來也有人為之補撰，可以據以論述，不過有些志中也還有若干問題，前代學人於此都有論述，這就不能不多事翻檢，博采眾議，斟酌取捨。又在此書撰寫之前，顧先生曾經著有〈兩漢州制考〉，對於《漢書·地理志》的訛誤有所校訂。既已創立規矩，就須一律踵行。再有疆域規劃時有變遷，歷年既久，其間自多增並損益，而改朝換代之後，改易更多，尤其是接近邊地各處，又時有盈虧。凡此種種，皆須一一釐清，方不至有所訛誤。更為繁瑣的則為圖表的制定清繪。前代學人於此傾心力作，成果累累，但仍有不甚確切之處，需要考訂，而且要與現代地名對照，自不能不再下工夫，逐一為之查勘。因此，以一年多的時間完成全書起草，極為緊張。但是經過這次鍛鍊，使我能夠深入其中仔細鑽研，今日能夠稍有寸進，確實是由顧先生諄諄的教導，為我奠定治學的基礎，這是我沒齒難忘的。

史念海謹述

第一章

緒論

第一章　緒論

　　在昔皇古之時，漢族群居中原，異族環伺，先民灑盡心血，耗竭精力，辛勤經營，始得今日之情況。夏、商以前，古史渺茫，難知究竟；即以三代而論，先民活動之區域猶僅限於黃河下游諸地；觀夫春秋初年，楚處南鄉，秦居西陲，而中原大國即以戎狄視之，擯不與之會盟，他可知矣。春秋、戰國之際，邊地諸國皆嘗出其餘力，向外開擴，故漢族之足跡，所至漸廣。漢族強盛之時，固可遠卻所謂夷狄之人於域外；然當其衰弱之日，異族又漸復內侵；故有秦皇、漢武之開邊擴土，即有西晉末年之五胡亂華；其間國力之強弱，疆域之盈虧，皆吾先民成功與失敗之痕跡，正吾人所應追慕與策勵者也。

　　傳說中之黃帝，已嘗劃野分州，建置萬國，其言雖荒誕，然疆域之區劃，皇古之時似已肇其痕跡。自〈禹貢〉以下，九州、十二州、大九州之說，各盛於一時，皆可代表先民對於疆域制度之理想。自郡縣肇建而地方制度與區劃，始稍見完善。厥後諸代建置之情形，各有不同，或因前朝舊規，或自創設新制，故漢州、唐道、宋路、元省皆成一代之主要地方制度，其名稱雖異，而其演變之跡尚可循求。今日國內以省區為首要，然夷考其初，須溯自金、元；求其遠因，則應取證魏、晉。今日之縣制為地方基本區劃，若一探究其根源，又須推至先秦之時。今日去遜清尚近，各地習俗仍多以府、州相稱，其所指不過一城，所轄不出數縣或數十縣；豈意兩漢、魏、晉一州之大，較諸今省猶有過之。隔代視之，似屬奇突；求其因革，罔不有所依據。吾人欲考究先民疆土之盈虧，則其時制度之變遷，固不可忽視者也。

　　且也，中國今日人口之分布，東南密而西北疏，即以中原而論，亦較前代為衰。反觀兩漢之時，三輔、三河、陳留、潁川、南陽、汝南實為人口稠密之區域，以今地按之，則人口衰落之陝西中部、山西南部及河南是也。求其今古差別之原因，則東晉、南宋兩度偏安實有以促成之。蓋東晉之時，五

胡亂華，中原衣冠相率南渡；南宋一代，金、元之南侵，遂使北地人民再度逃徙。此種劇烈之事變固為人口遷徙之最大原因；而南北郡縣增損之情形亦可假此解釋。蓋人戶繁多之地，其政務自較複雜，郡縣之建置亦必日漸增多；反之，荒涼之地，戶口稀少，不惟不必增置郡縣，抑且日有廢省（南北朝時代郡縣增多實逾常軌不能以此例之）。西漢十三州刺史部及司隸校尉部之區劃，南方僅居其四（荊、揚、益、交四州），而北方實得十區；西晉十九州，南七而北十二；是北方地理區劃實遠密於南國。自經東晉、南北朝長期之紛亂，至唐代始漸歸平均，故唐初十道，南北各半。至明時之十三布政使司及二直隸則又北五而南十；清代內部十八省，亦北六而南十二，南北盛衰之情形於此顯見，故吾人欲考究歷代疆域之變遷，人口之增減亦不能不注意之也。

雖然，移民之事業，中國古代即已有之，特晉、宋兩代為最著耳。先秦之時姑不具論，嬴秦、兩漢實數見不鮮。秦、漢建都關中，因徙各地豪民富家於畿輔，故三齊諸田，燕、趙巨族，皆車轂相接，絡繹西遷，關中人口盛極一時，此實都之策也。秦皇北逐匈奴，南取蠻、越，建郡置縣，徙罪民以居之，故河南、嶺外已有漢族之足跡。漢武拓地北方，開通西域，建河西四郡，益徙疆域內人民實之，而其時屯戍之卒且遠及於渠犁，殖邊之故也。東漢而後，降胡內徙，皆徙之塞下，移異族入境圍，實伏西晉亂離之先機。厥後民戶南遷日甚，南北盛衰頓異。及元時括戶，北部一州不當南國大縣；明初雖有徙寬鄉（徙南人入北）之舉，然積習日久，卒不能改。浸至塞外委為蒙地，遼東捨於滿族，亦視為應然，毫不足怪也。近年以來，強鄰虎視，欲得此地而甘心，乃謂滿、蒙非舊土，不知漢之遼東、玄菟，實當今遼寧諸地，右北平屬縣大半皆在熱河境內；唐代之安東都護府治所實在今鴨綠江以南，其所轄州郡，亦散布於朝鮮半島。原強鄰侵略之野心，固當抹殺事實，

第一章　緒論

而國人亦多數典忘祖，隨聲附和，豈不謬哉！

　　吾人處於今世，深感外侮之凌逼，國力之衰弱，不惟漢、唐盛業難期再現，即先民遺土亦岌岌莫保，衷心忡忡，無任憂懼！竊不自量，思欲檢討歷代疆域之盈虧，使知先民擴土之不易，雖一寸山河，亦不當輕輕付諸敵人，爰有是書之作。其地方制度州郡區劃與夫人戶之移徙亦疆域史中所不可少者，因並論及，著之於編。

第二章

中國疆域沿革史已有之成績

第二章　中國疆域沿革史已有之成績

　　中國地理之學發達極早，其見於文字之記載者，則《尚書‧禹貢》、《山海經》、《爾雅‧釋地》、《周禮‧職方》諸書蓋為最古。然言地理者必有地圖始能相佐為用。地圖之創始當在文字記載以前，誠以圖像之製作較文字為易，故先民多先圖而後書。中國地圖之見於記載者始於周初，《尚書‧洛誥》：「伻來以圖，及獻卜」，《詩‧周頌》：「墮山喬岳，允猶翕河」，即見明證（《緯書》之言地圖早在神農、黃帝之時，如《太平御覽》卷三十六引《春秋元命苞》云：「神農世，怪義生白阜，圖地形脈道」，其說不足據）。《周禮》亦云：「職方氏掌天下之圖，以掌天下之地」，是地圖之製作已漸臻發達。春秋、戰國之世，諸侯交爭，地圖益多。《戰國策‧秦策》：「司馬錯與張儀爭論於秦惠王前⋯⋯儀曰：⋯⋯據九鼎，按圖籍，挾天子以令天下，天下莫敢不聽，此王業也。」〈趙策〉：「臣竊以天下之地圖案之，諸侯之地，五倍於秦，料度諸侯之卒，十倍於秦。」《史記‧藺相如傳》：「召有司案圖，指從此以往十五都予趙。」而荊軻為燕太子丹西刺秦王時所挾之《督亢圖》尤豔稱於後人口中。戰國學術本極發達，而地圖之繪製尤為一時之盛事；蓋各國相爭，遣使結盟，出兵奪地，交通、道路、山川、形勢在所必知，故地圖之繁多實吾人意料中之事也。

　　及劉、項亡秦，蕭何隨漢祖入關，先收秦丞相及御史律令圖書藏之，〈蕭相國世家〉所謂：「漢王所以具知天下阨塞戶口多少，強弱之處，民所疾苦者，以何具得秦圖書也。」〈張丞相列傳〉：「蒼乃自秦時為柱下史，明習天下圖書計籍」，吾人可由此稍知秦人作圖之概況，及其圖上所記載之情形。入漢以來，圖籍之著作益盛，吾人姑舉其著者言之。〈三王世家〉：「臣昧死奏輿地圖，請所立國名。」〈淮南衡山列傳〉：「王日夜與伍被、左吳等案輿地圖。」《漢書‧江都易王傳》：「具天下之輿地及軍陳圖。」《後漢書‧光武紀》：「臣請大司空上輿地圖。」〈馬皇后紀〉：「帝按地圖將封皇子，悉半諸國。」

《岑彭傳‧注》引《續漢書》:「辛臣為（田）戎作地圖,圖彭寵、張步、董憲、公孫述等所得郡國,云洛陽所得如掌耳。」〈馬援傳〉:「前披閱輿地圖,見天下郡國百有六所。」〈李恂傳〉:「拜侍御史,持節使幽州……所過皆圖寫山川屯田聚落百餘卷,悉封奏上。」惜漢世諸圖今已亡佚,不得知其究竟;惟晉裴秀奏上〈禹貢地域圖〉時猶得見之,其言曰:「今秘書既無古地圖,又無蕭何所得,惟有漢氏《輿圖》及《括地》諸雜圖,各不設分率,又不考正準望,亦不備載名山大川,雖有粗形皆不精審,不可依據,或荒外迂誕之言,不合事實,於義無取。(《晉書》本傳)」據秀所言漢圖殆僅有各地之輪廓,似非精細之作。唯此時有一事應為吾人所注意者,即追記古代地理之輿圖,已見萌芽。《漢書‧張騫傳》:「天子案古圖書,名河所出山曰昆侖。」《後漢書‧循吏傳》:「乃賜（王）景《山海經》、〈河渠書〉、《禹貢圖》。」武帝所案之圖是否出自漢代,吾人不得而知;然景所得者,當為漢時所製。蓋〈禹貢〉雖載九州區域,不過先秦人士之地理學說,其圖自非先秦之時所能作也。

兩漢地圖之外,輿地之著作尤為眾多,太史公之〈河渠書〉及班孟堅之〈地理志〉,皆千古之絕作,而為後世研究疆域沿革之人士奉為圭臬,故《隋書‧經籍志》曰:「武帝時,計書既上太史,郡國地志固亦在焉;史遷所記,但述〈河渠〉而已。其後劉向略言地域,丞相張禹,使屬朱貢條記風俗,班固因之作〈地理志〉,其州國郡縣山川夷險時俗之異,經星之分,風氣所生,區域之廣,戶口之數,各有攸敘,與古〈禹貢〉、《周官》所記相埒。」淮南王安賓客所撰之《淮南子‧地形訓》繼鄒衍之後,縱論天下九州,猶有先秦人士言地之餘風。楊雄之《十二州箴》,王莽職方可以考見。後漢應劭著《十三州志》及《風俗通義》,以記各地沿革,惜其書不傳,難窺全豹,僅於他書中略睹其斷簡佚句,稍知其體例而已。

此期尚有一可注意之事,即方志之著作是也。方志之名雖早見於《周

第二章　中國疆域沿革史已有之成績

禮》；然其時是否已有此類書籍，實屬疑問。《海國圖志》：「（甘英）抵條支而歷安息，臨西海以望大秦，拒玉門、陽關者四萬餘里，靡不周盡……而二漢方誌，莫有稱焉。」吾人逆料二漢之時，方志之著作蓋極普遍，故《隋書·經籍志》謂「武帝時，計書既上太史，郡國地志固亦在焉」。惟其時方志所載事物不若後世之繁雜而已。舉其著者則圈稱〈陳留風俗傳〉、王逸《廣陵郡圖經》（《文選·蕪城賦·注》引）皆是也。自此而後，作者代有，至於今日，荒州僻縣亦皆各有其志書，於是各地之沿革亦能溯其本源，考其變遷。雖其間優劣不齊，要為治疆域沿革史者之別軍也。

自太史公作〈河渠書〉，班孟堅因之作〈溝洫志〉，二家之後，水道之記載，久而不聞；魏、晉間有《水經》一書出，遂為談水者別開生面。《水經》一書，前人或以為漢桑欽所撰，然書中載有魏、晉間事，當非欽所能知。元魏之時，酈道元為之作注，發幽顯昧，頓成名山之業，後世遂以之與先秦之《山海經》並稱，為治地學者所不可少之要籍，清人治此書者極多，其詳述於後文。

晉初，杜預以酷愛《左傳》成癖，因著《春秋左氏經傳集解》，而列國地理遂散見於其書中。司空裴秀博學多聞，因撰《禹貢地域圖》，《晉書》本傳載其書序文曰：「今上考〈禹貢〉山海川流原隰陂澤，古之九州及今之十六州，郡國縣邑疆界鄉陬及古國盟會舊名，水陸經路，為地圖十八篇。」窺其撰述之意，蓋考古兼以證今，山川郡國靡所不述，實為研究疆域沿革之名作；惜其書不傳，難知其詳耳。其作圖之法，據《傳》所言，則大要有六：「一曰分率，所以辨廣輪之度也；二曰準望，所以正彼此之體也；三曰道裏，所以定所由之數也；四曰高下，五曰方邪，六曰迂直，此三者各因地而制宜，所以校夷險之異也。」隋宇文愷謂其圖以二寸為千里（《隋書》本傳），則其輪廓可知。秀客京相璠又撰《春秋土地名》，則專考究一代。厥後虞摯又依〈禹

貢〉、《周官》撰《畿服經》百七十卷,《隋書・經籍志》謂:「其州郡及縣、
分野、封略、事業、國邑、山陵、水泉、鄉、亭、城、道里、土田、民物、
風俗、先賢、舊好,靡不具悉」,蓋亦一代集大成之作也,而今則亡矣。齊之
陸澄(《地理書》)、梁之任昉(《地記》)、陳之顧野王(《輿地志》)皆嘗祖
述虞氏體例,各有撰述,實則抄集諸家之說,故《隋志》謂其不能成一家之
體也。宋謝莊嘗製《方丈圖》,《宋書》本傳,謂其「分左氏經傳,隨國立篇,
製本《方丈圖》,山川土地各有分理,離之則州別郡殊,合之則寓內為一」。
按其圖例,實可與京相璠之書相輔而行。其他疆域沿革之要籍,則齊有劉澄
之之《永初山川古今記》,梁有陶弘景之《古今州郡記》,其書皆佚,存其目
而已。晉郭璞注《山海經》與北魏酈道元之注《水經》,皆為整理古籍之名
作,先後輝映,長為後世學人所景仰者也。

　　唐初史臣纂修《晉書》,〈地志〉一篇,疏誤甚多,深予後人以評論之口
實。然魏王泰侍臣所撰之《括地志》,賈耽之《貞元十道錄》、《華夷圖》、《古
今郡國縣道四夷述》,李吉甫之《元和郡縣圖志》皆卓然自成一家之言。賈氏
《古今縣道四夷述》所載「中國本之〈禹貢〉,外夷本班固《漢書》,古郡國
題以墨,今州縣題以朱,刊落疏舛,多所釐正」(《新唐書》本傳),今人治
疆域沿革者所繪圖表,以朱墨套印,蓋賈氏之遺制也。《傳》又謂耽「著《貞
元十道錄》。以貞觀分天下隸十道,在景雲為按察,開元為採訪,廢置升降
備焉」。其本朝疆域之沿革具於此矣。若《括地志》、《元和郡縣圖志》則皆
言今而兼述古,《括地志》亡佚已久,《元和郡縣圖志》尚存,其圖亦早失矣。
《四庫全書總目提要》謂:「《輿記圖經》、《隋唐志》所著錄者,率散佚無存,
其傳於今者惟此書(《元和郡縣誌》)為最古,其體例亦最善,後來雖遞相損
益,無能出其範圍」,其見重於後世若此。

　　至於宋代,樂史著《太平寰宇記》、歐陽忞作《輿地廣記》、王象之撰《輿

第二章　中國疆域沿革史已有之成績

地紀勝》，考其所述，則郡縣沿革、山川、人物、藝文等目無不備載，蓋循李氏《郡縣》之舊規，而又揚其餘波者也。若王存之《元豐九域志》之類，雖亦輿地名作，然僅述本朝郡縣，不載沿革，非吾人所欲討論也。其專論地理沿革之著作，則王應麟《通鑑地理通釋》其最著者，王氏素精輿地之學，而斯書又詳闡歷代地理之變遷，故《四庫提要》稱其「徵引浩博，考核明確，於史學最為有功」也。他若稅安禮《歷代地理指掌圖》、程大昌《禹貢山川地理圖》、吳澥《歷代疆域志》、鄭樵《春秋地名譜》亦此期研究疆域沿革之成績，《宋史‧藝文志》載有不著撰人之《三代地理志》一書，當亦為此時之著作。

元代阿拉伯繪圖之法傳入，中國地圖因經一度改良，朱思本之《廣輿圖》即利用新法而做成者，朱《圖》至明時為羅洪先所增補，今日尚存。元人始創修《一統志》，明、清繼之，代有修纂，惜《大元一統志》已佚，為可惜耳。元代論疆域沿革之著作，多不可考見，僅胡三省之《資治通鑑注》流傳甚廣，胡氏所注固非專究輿地，然溫公書中之地名，得胡氏闡述，亦可知其沿革，其功正不可沒也。至明而有桂萼之《歷代地理指掌》，吳龍之《郡縣地理沿革》，郭子章之《古今郡國名類》等今皆亡矣。

清代樸學最為發達，疆域沿革之研究亦因以遠超前人之範圍。清人之治疆域沿革者，多偏重於整理故籍，而於校補各史地理志，用力尤勤。自班固著《漢書‧地理志》後，司馬彪承其餘緒，撰《續漢書‧郡國志》，及陳壽著《三國志》，遂闕此不作；而唐人所修《晉書‧地理志》又多訛誤疏漏，其餘諸史或闕或陋，正待後人之修補，故清儒之治古地理者，多側重於此。其所補之志，如：劉文淇之《楚漢諸侯疆域志》，謝鍾英之《三國疆域表》，吳增僅之《三國郡縣表》（楊守敬《補正》），洪亮吉之《補三國疆域志》、《東晉疆域志》、《十六國疆域志》，洪齮孫之《補梁疆域志》，汪士鐸之《南北史

補志》，徐文範之《東晉南北朝輿地表》等。其所校注者，如：全祖望之《漢書地理志稽疑》，錢坫之《新斠注地理志》（徐松《集釋》），汪遠孫之《漢書地理志校本》，王紹蘭之《漢書地理志校注》，吳卓信之《漢書地理志補注》，楊守敬之《漢書地理志補校》，畢沅之《晉書地理志新補正》，方愷之《新校晉書地理志》，成孺之《宋書州郡志校勘記》，溫曰鑑之《魏書地形志校錄》，張穆之《延昌地形志》，楊守敬之《隋書地理志考證》，練恕之《五代史地理考》，李慎儒之《遼史地理志考》等。凡此皆就《史》、《漢》以後諸史為之校補注釋，若先秦之時則研究者亦不乏人，若閻若璩之《四書釋地》，胡渭之《禹貢錐指》，蔣廷錫之《尚書地理今釋》，孫馮翼之《禹貢地理古注考》，焦循之《毛詩地理釋》，朱右曾之《詩地理徵》，高士奇之《春秋地名考略》，江永之《春秋地理考實》，沈欽韓之《左傳地名補注》，張琦之《戰國策釋地》，程恩澤之《國策地名考》等皆論上古時之地理者。至若各家文集札記，亦往往有論地之作，然零篇短札難於備舉矣。

《山》、《水》二經自郭璞、酈道元之後，雖時見重於世人，然專董其業者尚不多見。入清以後，治之者甚多，而《水經》尤為人所注意。清儒之治〈山經〉者，以吳任臣為最早，其所著書曰《山海經廣注》，畢沅繼之有《山海經新校注》，郝懿行之《山海經箋疏》最後成，而其書亦最優。清初之治《水經》者甚多，據趙一清《注釋》徵引之本，則有錢曾、黃宗羲、孫潛、顧炎武、顧祖禹、閻若璩、黃儀、劉獻廷、胡渭、姜宸英、何焯、沈口、沈炳巽、董燧、項絪、杭世駿、齊召南、全祖望諸家，而全祖望、趙一清、戴震三家校本尤著。他若孔繼涵之《水經釋地》，趙匡學之《水經注釋地》，陳澧之《水經注西南諸水考》，沈欽韓之《水經注疏證》，汪士鐸之《水經注提綱》、《水經注釋水》（沈、汪二家之書未刊），皆精研博證，厥功至偉。清末，王先謙更集諸家之說為《合校本水經注》，學者便之。楊守敬進而撰《水

第二章　中國疆域沿革史已有之成績

經注疏》，惜未竟全功，然就已刊之《水經注疏要刪》觀之，則包羅諸家，集大成之作也。清儒為《水經注》作圖，始自黃儀，儀於每水各寫一圖，汪士鐸繼之因著《水經注圖》，清末，楊守敬別著新圖，較舊作精詳矣。清儒治水道沿革，《水經》而外，多本《漢志》，因班氏《志》文間注水流，故學者多從而考核之，陳澧之《漢書地理志水道圖說》及洪頤軒之《漢志水道疏證》其最著者。

　　諸家之外，其綜考歷代疆域沿革之著作，則以顧祖禹之《讀史方輿紀要》最為博大，而楊守敬之《歷代地理志沿革圖》尤為鉅制。其他若陳芳績之《歷代地理沿革表》及李兆洛之《歷代地理沿革圖》、《歷代地理志韻編今釋》等雖不若顧、楊二家之宏博，猶能備學者之參考，不可廢也。

　　疆域沿革之學，其初本為史學之附庸，自經清代樸學諸君子之努力，漸由附庸而為大國，吾人細覽前人之成績，誠不禁嚮往之甚也。

第三章
夏民族之歷史傳說及其活動範圍

第三章　夏民族之歷史傳說及其活動範圍

第一節　大禹治水分州之傳說

　　夏代以前因文獻無證，研究中國歷史者惟有缺疑。夏代歷史雖亦僅憑後世之記載，然由種種方面證明，則知在殷商以前確有此一朝代也。夏之始祖相傳為禹，但禹究竟與夏人是否有血統上之關係，又屬疑問。戰國以前書中之禹，但稱禹，不稱夏禹，或者禹之傳說乃為中國之「創世紀」耳。關於大禹傳說最著者為治水及分州二事，今述之於後，以見中國古代之地理觀念。

　　世界各民族皆有洪水之傳說，其著者若巴比倫、猶太、印度、波斯等均有此神話。中國古代文明濫觴於黃河流域，夏民族又播遷流轉於此地，黃河自古即多氾濫之災，或即誤以部分之水災為普遍之大害，遂產生治水分州等傳說邪？最初說為治水之人物，即為大禹，如《詩・大雅・文王有聲》篇謂：「豐水東注，維禹之績。」〈商頌・長髮〉篇言：「洪水茫茫，禹敷下土方。」《尚書・呂刑》篇言：「禹平水土，主名山川。」蓋在西周時，已認定禹為首出奠定山川者，凡後人所居皆禹之跡，故「禹跡」、「禹都」即為天下之代表名詞。時代愈後，洪水之傳說愈紛歧，於是自燧人氏、顓頊以至帝堯、帝舜時，乃莫不有治水患之傳說，而治水之事業亦不始於禹矣。如傳說中謂禹父鯀曾治水而失敗。《國語・周語》又云：「昔共工……淫失其身，欲壅防百川，墮高堙庳以害天下，皇天弗福……共工用滅。有崇伯鯀播其淫心，稱遂共工之過，堯用殛之於羽山。其後伯禹念前之非度……共之從孫四岳佐之，高高下下，疏川導滯。」此謂在禹之先已有共工及鯀之治水，但皆用壅防之法而致失敗，以致共工既滅，鯀亦被誅。禹雖疏導成功，然傳說亦謂其備極勤勞，如《莊子・天下》篇云：「墨子稱道曰：『昔者禹之湮洪水，決江河，而通四夷九州也，名川三百，支川三千，小者無數，禹親自操橐耜，而九雜天下之川，腓無胈，脛無毛，沐甚雨，櫛疾風，置萬國。』」如此勤勞，尚需十三年而功始竣（《史記・河渠書》，《孟子》作八年）。隨治水而來之傳說，

則為分割九州之事。「九州」一名辭，雖已見於春秋時銅器「齊侯鎛鐘」及《詩‧商頌》（作「九有」「九圍」等），但整個九州每州之名稱及疆域之分割，則恐為戰國以後所安排，試觀《墨子‧兼愛》中道禹治水之事，為西以洩渠孫皇之水，北以利燕、代、胡、貉、西河之民，東以利冀州之民，南以利荊、楚、于越。毫無〈禹貢〉九州之色彩（冀州為一固定地名，非九州中之一州），則可知〈禹貢〉九州之名稱及劃分，應在《墨子》一書後也。今日所見之〈禹貢〉為記禹時九州貢賦及治水刊山之書，雖非禹時實錄，然亦足代表戰國時代人之古代地理觀念。其中所述禹時之九州為：（一）冀州，（二）兗州，（三）青州，（四）徐州，（五）揚州，（六）荊州，（七）豫州，（八）梁州，（九）雍州。以今日之地理約略言之，則冀州在今山西省及河北、河南省之一部，兗州在今河北與山東省之一部，青州在今山東省境內，徐州在今山東及江蘇省之一部，淮水以南今江蘇、安徽等處則為揚州，荊州在今兩湖境內，豫州略包括今河南省，梁州包括今四川、西康及陝西省之一部，雍州則起自今陝西省東界，並包有甘肅等地。然以上云云，特大略言之，夷考其詳，則諸家考據亦未有定論；況九州之分割既屬空中樓閣，詳細考證亦屬徒然也。

第二節　從夷夏交爭與少康中興等傳說中觀察夏代中世之疆域

據《史記‧夏本紀》所記，禹後為啟，啟後為太康、中康、相、少康四君。惟《史記》於啟後一段無何重要事蹟之記載，若依《左傳》（襄公四年及哀西元年）則知夏代於後相時，曾有中絕之事，擾攘數十年，卒由少康中興，恢復禹績，不失舊物。蓋夏自太康以後，國勢已衰，東夷崛起，夷族中有有窮後羿者遂革去夏命，因夏民以代夏政。但羿固非能理民事者，淫於田

第三章　夏民族之歷史傳說及其活動範圍

獵，棄賢臣而用伯明氏之讒子弟寒浞，卒致依樣葫蘆，以其所取夏之天下歸於寒浞；浞並妻其妃妾，生子澆及豷。後相自失天下後，本依於同姓諸侯斟灌、斟鄩，後見嫉於寒浞，乃命澆滅此二國，並殺夏後相。相妻後緡方娠，逃出自竇，奔於母家有仍，生子少康。少康年長為有仍牧正，時澆封於過，豷封於戈，澆又思害少康，少康乃自有仍逃奔有虞。虞君妻以二女，封以綸邑，遂有田一成，有眾一旅，建立中興之基礎。先是夏之遺臣靡，在羿死後，逃奔有鬲，至是亦出收夏之遺民，剿滅寒浞，少康卒即王位，有夏中興之事業予以完成（按此段故事甚有問題，今以夏代地理材料流傳絕少，姑依《左傳》言之）。

此書本講中國疆域沿革，於此一段歷史事實瑣屑道及者，因夷夏交爭之跡，可以覘夏族在當時活動之舞臺究為何地耳。據歷代經史家考證，知有窮國在今山東德縣北，寒在今山東濰縣東北，有鬲亦與有窮相近；斟灌在今山東壽光縣東北，斟鄩在今山東濰縣西南；有仍在今山東濟寧縣（即任國）；過在今山東掖縣；戈不詳其地，據舊說在宋、鄭兩國之間，當在今河南中部；有虞與綸在今河南虞城縣。吾輩如以地圖覆按之，則知上述諸地固不出黃河下游之地域也。

此外太康亦曾居斟鄩（《水經注》等書引「汲冢古文」）。後相之都城並在黃河下游。《左傳》僖公三十一年云：「衛遷於帝丘……衛成公夢康叔曰：『相奪予享。』公命祀相，甯武子不可，曰：『鬼神非其族類，不歆其祀。杞、鄫何事！相之不享於此久矣，非衛之罪也。』」因帝丘本相之舊都，一旦為衛所據，故相奪康叔之享。帝丘在今河北南端之濮陽縣西南，後訛為商丘，古本《竹書紀年》謂相即位，居商丘（《太平御覽》引），有《左傳》為之佐證，似可信也。且後相時曾征淮夷、畎夷、風夷、黃夷等，而於夷來賓（均本古本《竹書紀年》），少康即位，方夷來賓（同上），伯杼子征於東海（同

上），後芬即位，九夷來御（同上），是皆夏都本在東方之證。且在《詩經》中夏之與國亦在黃河下游，如《商頌‧長髮》云：「韋、顧既伐，昆吾、夏桀。」韋、顧、昆吾蓋均夏末強國，故湯當伐夏前先除去之。韋國在今河南滑縣東南；顧國在今山東范縣東南；昆吾在今河北濮陽縣東，雖分處三省，地望實相近也。

　　至於夏之同姓國，古籍、甲、金文中可考者則有觀、茸、杞、鄫、寒諸國。考其地望，則觀國在今山東觀城縣，居顧國之西。茸國約在今山東曹縣。杞本居今河南杞縣，後一再遷徙，至山東昌樂縣。古鄫國有二：一姬姓，一姒姓。姒姓之鄫，約在今山東嶧縣東，姬姓之鄫，蓋漢陽諸姬之一，與申戎構亂禍周者。並非姒姓之鄫本居西方，後乃東遷也。寒國之為姒姓，則見於金文（《攈古錄》卷二之二），吳式芬引徐籀莊說，謂即寒浞之寒，如然，則少康與寒浞之爭亦鬩牆耳。

　　吾輩試一統計上述諸地，則夏代中世之政治勢力範圍甚了然矣；蓋其政治中心似在今山東、河北、河南三省間也。然此種疆域亦僅限於夏代中世，若至晚夏則其政治中心似已西移，換言之，即夏已遷都也。但政治中心雖移，其民族並非盡數西遷，故東方尚多有其同姓及與國也。

第三節　晚夏之疆域範圍

　　夏代自帝杼以後所見故事傳說甚少，其居址不可甚詳；但當夏之晚年，其政治中心不在魯西，而在今河南鞏、洛以至河東一帶，則為有證有據之事，未容否認者也。至於其西徙原因可以猜測者，或因黃河大氾濫使不能安居，或因東夷之侵陵，皆未可知，但非舉族西遷，東方仍有孑遺，後世之杞、鄫諸國是也。何時始西遷？西遷果在何地？今試分述之如下：

第三章　夏民族之歷史傳說及其活動範圍

　　在《左傳》中曾見有大夏及夏虛二名詞，如昭西元年云：「遷實沈於大夏，主參，唐人是因，以服事夏、商，其季世曰唐叔虞。當武王邑姜方震大叔，夢帝謂己：『余命而子曰虞，將與之唐，屬諸參，而蕃育子孫。』及生，有文在其手曰虞，遂以命之。及成王滅唐而封大叔焉。故參為晉星。」又定公三年《傳》云：「分唐叔以大路，密須之鼓，闕鞏沽洗，懷姓九宗，職官五正；命以《唐誥》而封於夏虛，啟以夏政，疆以戎索。」由以上記載，知晉地即大夏，亦即夏虛也。杜預《注》謂大夏「今晉陽縣」，又謂「夏虛、大夏，今太原晉陽也」。杜《注》蓋本於《漢志》，太原晉陽《注》云：「故《詩》唐國，周成王滅唐，封弟叔虞。」服虔《注》謂「大夏在汾、澮之間」。顧炎武是服說，蓋服說較近於事實。近錢賓四先生（穆）又修正服氏之說，謂實沈居大夏，當在安邑一帶，而晉、唐故居當在河東涑水，不涉汾、澮，其證甚多（見〈周初地理考〉）。先是顧棟高《春秋大事表》亦曾主張「夏虛今為山西解州之平陸縣，在河之北」，與錢先生之說不甚相遠。

　　夏代何帝始西徙，此難作確切之答覆者，但至少在夏後皋時已居河東附近。因《左傳》僖公二十三年有云：「殽有二陵焉，其南陵，夏後皋之墓也；其北陵，文王之所避風雨也。」在古代陵墓與居所或不能相距太遠，故吾人於其陵處求其居處，當不致有大誤。殽，杜《注》謂在弘農澠池縣西，亦正夏虛附近之地。至於夏桀之國之在西方，則尤有明證。《戰國策·魏策》吳起云：「夫夏桀之國，左天門之陰，而右天谿之陽，盧、睪在其北，伊、洛在其南。」《史記·魏世家》引作「夏桀之居，左河、濟，右華山，伊闕在其南，羊腸在其北」。太華即今華陰之華山。伊闕，《史記·秦本紀·正義》引《括地志》謂在洛州南十九里（在今洛陽縣）。羊腸之說有三：一說在懷、潞間，《史記·魏世家》所云：「昔者魏伐趙，斷羊腸，拔閼與。」《正義》謂羊腸在太行山上，南口懷州，北口潞州。一說在壺關，《漢志》上黨壺關

有羊腸阪。一說在晉陽，《水經注》謂「羊腸阪在晉陽西北」。三說之中，晉陽太北，一二兩說相近，宜以壺關為是。如此則夏桀之國，西到華陰，東到濟水上流，北至壺關（在今山西長治縣），南至伊、洛，正包括上所云夏虛（大夏）之域也。此外《國語‧周語》有「昔伊、洛竭而夏亡」之語，《逸周書‧度邑解》亦云：「自洛汭延於伊汭，居易毋固，其有夏之居。」亦皆夏曾居河南西部之佐證。

　　總括以上三節所云，禹之傳說乃屬一種神話性質，不足知夏代政治範圍之所在，中夏以先，夏之政治中心似在今山東省，其勢力及於河北、河南，晚夏則移居河東及伊、洛流域，然東方仍有其孑遺也。

第三章　夏民族之歷史傳說及其活動範圍

第四章

殷商民族之來源及其活動區域

第四章　殷商民族之來源及其活動區域

第一節　殷商民族起於東方說

　　中華民族之來源，至今未有定論，歐洲學者曾有種種假設，或謂自馬來半島渡海而來，或謂由于闐越山而至，或謂來自中亞細亞，或謂來自美索不達米亞，此外印度、埃及、美洲皆曾說為中華民族之發源地。但說法雖多，皆無強證，較有力者為中亞細亞說。蓋在萬年以前，該處土質膏腴，應為古代文化散布之地，後經地質變動，成為沙漠，居民不得已而四散。先祖或由帕米爾高原越蔥嶺而東下，以後發榮滋長，乃有今日之傳統文化。但此乃有史以前一種假設說法，若憑中國古籍中之記載，則知夏、商代實起於東方，周代乃肇自西土也。

　　夏與東方之關係，已見上章所述。若商湯則太史公固亦謂起自西方矣。如云：「或曰：『東方物所始生，西方物之成熟。』夫做事者必於東南，收功實者常於西北。故禹興於西羌；湯起於亳（案此亳指西亳）」（〈六國年表〉）。近傅孟真先生（斯年）於〈夷夏東西說〉一文中已辨其非，蓋商湯之亳實在東方，在商湯以前關於商代祖先之種種傳說，皆足以說明商起於東北，後錯處河、濟間，其後乃西漸而滅夏。《詩·商頌·玄鳥》有云：「天命玄鳥，降而生商。」「玄鳥」傳說之核心，在於祖宗以卵生而創業，後代神話與此說屬於一源而分化者，全屬東北民族及淮夷。如《論衡·吉驗篇》云：「北夷橐離國王侍婢有娠，王欲殺之。婢對曰：『有氣大如雞子，從天而下，我故有娠。』」《魏書·高句麗傳》：「高句麗者，出於夫餘。自言先祖朱蒙，朱蒙母河伯女，為夫餘王閉於室中，……既而有孕，生一卵大如五升。」此外高麗《好大王碑》、高麗王氏朝金富軾撰《三國史記·高句麗紀》、朝鮮《舊三國史·東明王本紀》、清《太祖武皇帝實錄》等書均記有此等傳說。由此可知此種傳說在東北各部族中之普遍與綿長。在東北以外，古淮夷亦有此種神話，如《史記·秦本紀》云：「秦之先，顓頊之苗裔孫曰女修。女修織，

玄鳥隕卵，女修吞之，生子大業……」雖記秦事，實敘淮夷之祖，因秦本嬴姓，嬴姓乃東方濱海之民族也。淮夷本東海上部族，《詩·魯頌》云：「至於海邦，淮夷來同。」是其證。據此種種佐證，則知所謂：「天命玄鳥，降而生商。」實與東北民族各神話同一來源。持此以證商民族與東北有密切關係，蓋為無疑也。

　　再就《詩·商頌》「宅殷土芒芒」一句而言，殷土果何在乎？自武乙以來所都之處，《史記》稱之曰殷虛，殷虛正在洹水南岸，今河南安陽縣境。不過此為後來之事。更求殷商部族之本土，則《呂氏春秋·慎大覽》有云：「親郼如夏」。高誘注曰：「郼讀如衣，今兗州人謂殷氏皆曰衣。」畢沅曰：「《書·武成》，殪戎殷，《中庸》作壹戎衣，二字聲本相近。」然則殷即郼，郼、韋、衛三字當為一字之異體。衛之地位易求，如《呂氏春秋·有始覽》云：「河、濟之間為兗州，衛也。」；又《左傳》哀公二十四年杜《注》云：「東郡白馬縣東南有韋城。」晉白馬縣當今滑縣東境，亦正古所謂河、濟之間也。則商湯之先公發跡於此可知矣。

　　此外於〈天問〉、《山海經》等書中又見商代祖先之故事。〈天問〉云：「該秉季德，厥父是臧，胡終弊於有扈，牧夫牛羊？……恆秉季德，焉得夫朴牛？……昏微遵跡，有狄不寧。」又〈大荒東經〉曰：「有困民國，句姓而食。有人曰王亥，兩手操鳥，方食其頭。王亥托於有易，河伯僕牛。有易殺王亥，取僕牛。」郭璞《注》引《竹書》曰：「殷王子亥，賓於有易而淫焉，有易之君曰綿臣，殺而放之，是故殷上甲微假師於河伯，以伐有易，克之，遂殺其君綿臣也。」以上之故事，實紀殷祖王亥、王恆及上甲微三世之事。有扈亦即有易，蓋篆文形近而訛。有易即有狄，音近可通假。有狄之地當在今大河之北，即易水左右。以有易推殷商所在，知其必為鄰國，應在今河北省中部或南部，是亦商湯先祖之所處也。

第四章　殷商民族之來源及其活動區域

第二節　殷商之建都與遷都

　　商代之發跡，蓋由東北渤海灣與易水流域，後更南徙，往來於濟水、黃河間；商湯勃興，乃先翦除其附近夏之與國如韋、顧及昆吾等而後平滅夏桀。商湯以前，商民族亦曾聲勢赫赫，如〈商頌〉云：「相土烈烈，海外有截。」然而滅夏據中原者，則自商湯始，故今考商之都城亦當自湯始。《尚書・序》云：「自契至於成湯八遷，湯始居亳。」古地以亳名者甚多，如《春秋》襄公十一年：「秋七月己未，同盟於亳城北。」杜《注》云：「亳城，鄭地。」；《左傳》昭公九年云：「肅慎、燕、亳，吾北土也。」杜預於此無說，然既與肅慎、燕並舉，或當在東北方，與燕及肅慎鄰。湯都城之亳所在，說尤紛歧。班固《漢志》謂偃師屍鄉，殷湯所都，鄭玄亦然。皇甫謐以為湯都穀熟，所謂南亳也。《括地志》以為湯始居南亳穀熟，後遷西亳偃師。臣瓚又云，湯都山陽郡之薄縣。近王國維之〈說亳〉是其說。此說最有力之證據，如《左傳》哀公十四年：「宋景公曰：『薄，宗邑也。』」此薄即前漢山陽郡之薄縣。既云為宋宗邑，自足證其為商湯之都。又如《孟子》言湯居亳，與葛為鄰，皇甫謐、杜預等均以寧陵縣之葛鄉為葛伯國。寧陵與薄縣地相接，湯之所都自當在此。其地在今河南商丘縣北，與山東曹縣接界也。

　　商人早歲之屢遷都，或因社會生產尚以游牧為主之故。商湯而後至盤庚，自昔傳說尚有五遷，唯說法不一。《史記・殷本紀》云：「盤庚渡河南，復居成湯之故居，五遷無定處。」是謂盤庚一身五遷也。但《書序》云：「仲丁遷於囂，作《仲丁》；河亶甲居相，作《河亶甲》；祖乙圮於耿，作《祖乙》；盤庚五遷，將治亳殷……」《史記・殷本紀》云：「仲丁居隞；河亶甲居相；祖乙遷於邢；盤庚宅殷。」蓋「隞」即「囂」。「邢」即「耿」也。是則仍以五王五遷說為較勝。《史記・殷本紀・正義》引《括地志》云：「滎陽故城在鄭州滎澤縣西南十七里，殷時敖地也。」又云：「故殷城在相州內黃縣東南

十三里，即河亶甲所築都之，故名殷城也。」皆黃河附近地。邢，《索隱》以河東皮氏縣當之；《正義》引《括地志》云：「在龍門縣。」案：仲丁河亶甲所居皆在今河南中部以東，黃河附近數百里內；何以祖乙所居遠在河東，是誠難解者；蓋別有所在。《說文》「邢」字云：「周公子所封地，近河內懷。」云「近河內懷」，乃指《左傳》宣公六年及《戰國策·魏策》之邢丘。邢丘即「邢虛」，猶言商丘、殷虛也。祖乙所遷，當即在此。杜預注邢丘，謂在河內平皋縣，平皋故城在今河南溫縣東，正逼近大河，《書序》所云：「圮於耿」者，有由來矣。殷地之所在，舊說亦誤如《書序》云：「盤庚五遷，將治亳殷。」亳殷連文，乃相沿以殷為亳。《史記·殷本紀》云：「盤庚之時，殷已都河北，盤庚乃遂涉河南治亳，復居成湯之故居。」其誤與《書序》同。「亳殷」連文，不見於古籍，「亳」蓋「宅」字之訛，「宅殷」於義為長。殷地之所在，《尚書疏》引「汲冢古文」云，在鄴南三十里，蓋即洹水南之殷虛也。在今河南安陽縣界。

《竹書紀年》謂：「自盤庚徙殷，至紂之亡七百七十三年，更不遷都。」若然，則商之都殷，為時最久。但亦有異說，如《國語·楚語》云：「武丁入於河，自河徂亳。」亳在河之南，殷在河北，故武丁往亳，必先入河。是盤庚之後，武丁曾一遷也。但殷之亡，實在河北，如《戰國策·魏策》云：「殷紂之國……前帶河，後被山。」云「前帶河」，可知其在河之北。且由殷虛卜辭所祀帝王訖於康祖丁、武祖乙、文祖丁言之，知帝乙之世，亦宅河北殷虛，尤足知安陽殷虛之成虛，實因國滅而宗社屋，非由遷徙也。然則自亳遷河北者，仍必有人，〈殷本紀〉謂在武乙時，〈帝王世紀〉謂在帝乙時，雖不能確定，而盤庚以後又曾二遷，則可知也。

第三節　殷代之勢力範圍與其征伐所及

　　殷商自湯始滅夏而有天下，故今所謂殷代之勢力範圍亦自成湯說起。考殷自開國後，拓土最力之帝王，除湯外為武丁。如《詩‧商頌》云：「武王載旆……九有有截。韋顧既伐、昆吾夏桀。」此言湯之武功也。又云：「在武丁孫子。武丁孫子，武王靡不勝。龍旂十乘，大糦是承。邦畿千里，維民所止。肇域彼四海，四海來假。」，此言武丁之盛也。約略言之，則湯本都蒙亳，今山東曹縣地，北向而取韋，西向而滅昆吾，再向西至伊、洛一帶，翦滅夏桀也；又相傳湯放桀於南巢，南巢遠在安徽境，如此說可信，則湯起自濟水，聲威西至河外，南及淮水，北達河北，千里之間，縱橫爭戰，蓋亦前代所罕有也。盤庚渡河後，至武丁更向西北擴張。如《易‧既濟》有關於武丁伐鬼方之記載，云：「高宗伐鬼方，三年克之。」鬼方之地望雖不可確知，約言之，其族在殷商而後，西自汧、隴環中國而北，東及太行、常山間，或分或合，而侵略中國；武丁克之，則必驅之愈西，謂武丁之聲威遠及汧、隴，非不可也。以上所言為殷商盛時之發展，至商紂時，國勢雖衰，然亦有征人方之事，勢力且達鬼方，《詩‧大雅‧蕩》有「文王曰咨，咨女殷商。如蜩如螗，如沸如羹。小大近喪，人尚乎由行。內奰于中國，覃及鬼方」之語，可知至商末鬼方與殷仍有關係也。

　　由甲骨文字中所見之方國之名甚多，此種方國或曾為殷王所到，或為殷商所征，或與殷商有國際交涉，亦足覘殷代之勢力範圍。曰人方，卜辭中多有征人方之記載，董作賓以為人方在武乙、文丁時，尚為屬國，至帝辛時始叛變，所有征人方卜辭，皆帝辛時事也。郭沫若謂人方當釋為屍方，即東夷。曰曹，如云「貞猷伐棘」，郭沫若謂當是衛之曹邑，今河南滑縣南白馬城是其地。曰杞，如云「在杞貞……」杞國在陳留雍丘，今河南杞縣，後乃東遷者也。曰晏，如云「寅帝晏示五矛」，董作賓以為即後之燕國，今河北易縣

一帶地。日冀，如云「貞冀不其乎來」，丁山以為殷之冀國，在今山西翼城縣境。日盂方，如云「於盂亡▨」（此處有闕漏），王國維以為盂即邢，今河南河內縣地。董作賓謂武乙時常獵於盂方，故多「王田於盂」之卜辭，殷之末葉此國有叛變事，故有「命多侯與多伯征盂方」之辭。日周，如云「令周侯今月亡囚」，郭沫若謂「周與殷和逆無常，殷人於周，獨屢言寇，足證周人文化比他國較高，有寶物或貨財可供寇掠也。亦有稱周侯者，則周亦殷之同盟國，其後稍稍強大者也」。日井方，如云「帚井示七矛，賓」，郭沫若謂此井方乃殷之諸侯，殷亡為周人所滅，其國當在散關之東，岐山之南，渭水南岸地。日羌，如云「不其獲羌」，董作賓謂後來姜姓之國皆為羌之苗裔，以羌水證羌之所在，當在陝西、甘肅之間。今陝西漢中之寧羌，甘肅之伏羌、安羌、懷羌、來羌、破羌、臨羌（西寧）皆古羌地。羌蓋早為殷商所征服之民族，故成湯時「自彼氐羌莫敢不來享」。武丁時又有「師獲羌」之記載。祖甲以後，常供樂舞。後又叛變，故廩辛康丁時有「於父甲，求▨羌方」（此處有闕漏）之辭，乃禱於祖甲在天之靈，請降災害於羌方也。武乙之時，羌方又來賓，卜辭有「王於宗門逆羌」之記載。日土方，如云「庚申卜，㲉貞，今春，王值伐土方」，郭沫若謂土方乃殷人西北方之大敵，其疆域當在包頭附近。日呂方，如云「今春，伐呂方」，呂方乃游牧民族，其地望當在今山西北部。此外鬼方亦見於卜辭。其他尚有毋、戊、荏等方國，地望皆不可詳考。就以上所知之疆域言，則知殷、商之勢力，東起自山東濱海之地，西至汧隴，北至河北及山西北部，南不出今河南省界，西北至包頭，東南至淮水流域，此一大王國縱橫數千里，蓋亦超越前代遠矣！由此南北狹而東西長之事實觀之，在三代時之中國，實只有東西之對峙，而無南北之紛爭也。

第四章　殷商民族之來源及其活動區域

第五章
西周之疆域範圍及東周王畿之區域

第五章 西周之疆域範圍及東周王畿之區域

第一節 周民族起於西方及其東侵

周之始祖，相傳為棄，為帝堯之農師，舜時之后稷也。然依《史記》所載，自后稷至文王共有十五世，而占時千餘年之久，於理不合。雖《世本》謂自公劉至文王為十六世，較《史記》多四世，其相差仍巨。如依《吳越春秋》之說謂公劉當夏桀之世，然公劉上三代即后稷，以三世而占四百餘年，尤不合理，故有謂不窋以上失官，世次無可考者（如戴震）。以上之世數與年代問題，雖似不能解決，然苟打破傳統觀念，不以后稷為虞廷之官，而依《左傳》（昭公二十九年）所云：「有烈山氏之子曰柱，為稷，自夏以上祀之，周棄亦為稷，自商以來祀之。」則知棄本商稷，世數年代固無不合也。

以上所云，非徒考其世系，亦所以說明棄非東方之傳說人物，乃西方傳說中之農神也。史謂其始封於邰。后稷卒，子不窋立。依《史記·周本紀》謂因夏政衰，去稷不務，乃奔於戎狄之間。夏代政衰而不窋奔去之原因，雖未可信，但謂不窋奔於戎狄，則有可能。蓋殷商之際，環中國西北而居者多為戎狄，周之所以崛起於涇、渭間者亦因此時之奔去也。《史》云，公劉雖在戎狄之間，復修后稷之業，自漆、沮渡渭取材用，行者居者有所資畜，民賴其慶，百姓懷之，多徙而從之。周道之興自此始。又言公劉子慶節始立國於豳，然據《詩·大雅·公劉》曰：「篤公劉，于豳斯館。」《史記·匈奴傳》亦云：「夏道衰而公劉失其稷官，變於西戎，邑於豳。」《漢書·地理志》亦云：「栒邑縣有豳城，《詩》豳國，公劉所都。」則國於豳者自公劉始，不始於慶節也。公劉後數傳至公亶父復修后稷公劉之業，積德行義，國人皆戴之。但因薰育、戎狄屢事侵略，乃與其私屬去豳，渡漆、沮，逾梁山，止於岐下，而豳人舉國扶老攜幼盡復歸之於岐下，其他各國，聞其仁亦多歸之者。公亶父或謂即文王之祖太王也（按此說甚有問題）。後文王又遵后稷、公劉之業，則太王、王季之德，而國大盛。於是先後伐犬戎、伐密須、伐耆國、伐邘、

伐崇侯虎；又自岐下徙都豐。文王崩，武王立，乃又建立鎬京，《詩》所謂：
「考卜維王，宅是鎬京。」是也。以上周初發達之跡，可以《漢書‧郊祀志》
引張敞之議總之曰：「臣聞周祖始乎后稷，后稷封於斄，公劉發跡於豳，太
王建國於廄、梁，文、武興於豐、鎬；廄、梁、豐、鎬之間，周舊居也。」
以今日之地言之，則斄在今陝西武功縣界，豳在今陝西栒邑縣界，廄、梁皆
在陝西扶風附近，豐在今陝西鄠（戶）縣東，鎬在今陝西長安縣西南。其跡
皆在涇、汧、渭水之間也。

　　殷、周本東西不同之二民族，但殷久居中原，文化之遺產既厚，服屬之
方國亦多；周則久與夷、狄為伍，無甚文化可言，武力似亦不如殷商之雄厚，
故周曾臣服於商，此不僅見諸史籍，觀甲骨文中亦有「令周侯」之字句可知。
但歷史悠遠文化優厚之民族往往趨於頹廢，而為新興較野蠻民族所吞併。至
商紂，其本身之失德或不如諸傳說之甚，而殷商民族之不如周之剽悍，則可
想而知；故牧野一役，紂雖億萬人而億萬心，卒致國滅而宗社屋。周雖滅殷，
然因初定東方，未有其國，而封紂子祿父及殷遺民居殷，使管叔鮮、蔡叔度
監之，殷之勢力尚不能剷除淨盡。殷商以東諸方國，亦仍為舊有勢力所把
持，故周公已封而未就國；太公就國，萊人來爭，其後由周公之東征及太公
之開拓，於是始有西周一統之局面焉。

第二節　周滅殷後之東方封國

　　武王滅殷而後，除封紂子武庚於殷外，據傳說又襃封神農之後於焦，黃
帝之後於祝，帝堯之後於薊，帝舜之後於陳，大禹之後於杞。究竟武王有否
此封，亦僅憑後世記載，未能確信。據今日所已知者，則神農、黃帝之傳
說，在周初尚未發生，封建云云，當屬不確。堯、舜、大禹其人亦未有有力
之證足證其有。然陳、杞二國春秋時尚存，固為奉虞、夏之祀者，或在周

第五章　西周之疆域範圍及東周王畿之區域

初曾受周之封贈；然此等封國實為周之一種懷柔政策，與其勢力之東移無多助力也。周之所以能統一中原，開拓東土，雖受戎夷之侵，仍能立足於成周者，則由其廣封同姓子弟及功臣為諸侯之一事耳。

周民族中實包有姬、姜二姓，又常互為婚媾，如由姜嫄之傳說及公亶父「來朝走馬，率西水滸，至於岐下，爰及姜女，聿來胥宇」之說言之，則姬姓或非巨族，而曾依附於姜姓者。故滅殷而後，於封同姓之外，不能不封姜姓太公望以大國也。同姓中則封周公旦於魯，召公奭於燕，叔鮮於管，叔度於蔡，叔振鐸於曹，叔武於成，叔處於霍，以上蓋皆武王在位時所封。周公相成王時封武王同母少弟康叔於衛，成王又封其弟叔虞於唐，即晉也。齊國在營丘，今山東省臨淄縣。魯國在曲阜，今山東省曲阜縣。燕國在薊，今河北省大興縣。管國在今河南省鄭縣。蔡國在今河南省上蔡縣。曹國在陶丘，今山東定陶縣。成國在今山東省汶上縣。霍國在今山西省霍縣。衛國蓋在朝歌，今河南省淇縣。晉國在大夏，即夏虛，舊說在太原晉陽，實誤，晉、唐故居當在河東涑水，顧棟高謂在今山西之平陸縣。以上諸封國皆見諸《史記》之記載者。此外見於《左傳》中者則有：滕，為文王子叔繡國，在今山東滕縣；東虢為文王弟虢仲國，在今河南汜水縣；西虢為文王弟虢叔國，舊都陝西寶雞縣東，後隨平王東遷更封於上陽，在今河南陝縣；郜為文王子國，在今山東城武縣；原為文王子國，在今河南濟源縣；毛為文王子叔鄭國，或以為在今河南宜陽縣境；聃為文王子季載國，都於那處，在今湖北荊門縣；雍為文王子國，在今河南修武縣；畢為文王子國，在今陝西咸陽縣；鄷為文王子國，在今陝西鄠（戶）縣；郇為文王子國，在今山西臨晉縣；邘為武王子國，在今河南沁陽縣；應為武王子國，在今河南魯山縣；韓為武王子國，在今陝西韓城縣；此外周公子封國者，有祭，在今河南鄭縣；邢，初在今河北邢臺縣，後遷山東；凡，在今河南輝縣；蔣，在今河南固始縣；茅，在今山東金

鄉縣;胙，在今河南延津縣。由此知當武王滅紂而後，酆、鎬以東，今河南、山東、山西、河北諸省，固已布滿周之封國矣。

　　商代享國千年左右，拓地數千里，何以被周滅後，只餘區區二三百里之宋？殷之遺民除「頑」者遷於雒邑外，其餘又何在？蓋周之封國，實為一種殖民政策，周人亦僅取其統治權，下層民眾固仍多為殷之遺民。如《左傳》定公四年云：「昔武王克商，成王定之，選建明德，以藩屏周。故周公相王室以尹天下，於周為睦。分魯公以大路、大旂，夏後氏之璜，封父之繁弱，殷民六族：條氏、徐氏、蕭氏、索氏、長勺氏、尾勺氏，使帥其宗氏，輯其分族，將其類醜，以法則周公，用即命於周。是使之職事於魯，以昭周公之明德。分之土田陪敦，祝宗卜史，備物典策，官司彝器，因商、奄之民，命以伯禽而封於少皞之虛。分康叔以大路、少帛、綪茷、旃旌、大呂，殷民七族：陶氏、施氏、繁氏、錡氏、樊氏、飢氏、終葵氏……命以〈康誥〉，而封於殷虛。皆啟以商政，疆以周索。分唐叔以大路、密須之鼓、闕鞏沽洗，懷姓九宗，職官五正，命以〈唐誥〉，而封於夏虛，啟以夏政，疆以戎索。」可知魯、衛之國為殷遺民之國，而晉為夏遺民之國。其他各國，雖文獻上不甚可考，然以居處限於豐、鎬之周，一旦擴其勢力於東方數千里之外，封國數十，其國民自當為舊有民族，周不過取其統治權而已。

第三節　周室之東遷及東周王畿之疆域

　　武王克殷後二年即崩，子誦立，是為成王。成王年少，周公旦相成王，攝政當國。管叔、蔡叔謂公將不利於孺子，與武庚畔，周公東征，誅武庚、管叔，放蔡叔，封微子啟於宋，三年而畢。七年，周公反政成王，北面就群臣之位，作雒邑，為朝會之所。成王又東伐淮夷殘奄，遷其君薄姑。既伐東夷，息慎來賀。蓋西周聲威之極盛世也。當時王室聲威所及之疆域，蓋北及

第五章　西周之疆域範圍及東周王畿之區域

燕塞，南服巴、濮，西包汧、隴，東達大海焉。成王崩，子康王釗立。康王
崩，子昭王瑕立。斯時王道微缺，昭王南巡狩不返，卒於江上，蓋已有不服
者矣。子穆王滿立，為一好大喜功之主，故有征伐犬戎之事。或其性好遊
覽，故又有乘八駿登昆侖會西王母之傳說。因其巡狩樂而忘歸，乃有徐偃王
作亂，造父為穆王御，歸而平亂。其後王室漸衰，數傳至厲王，益無道，國
人畔之，乃出奔於彘，共和行政焉。共和行政有二說：一以為周、召二相共
攝政權；一以為共國之伯名和者攝政。前說為正史傳統說法，若證以先秦書
籍，則以後說為長也。厲王崩，子宣王靜立。能修文、武、成、康之遺風，
諸侯復宗周。宣王西北攘戎狄，東南服荊蠻，封姜姓之申、呂於今河南南陽
縣，周人勢力又一擴張。宣王崩，子幽王立。因嬖愛褒姒，欲廢申后並去太
子。申侯怒，與繒、西夷、犬戎攻周，遂殺幽王於驪山下（驪山在今陝西臨
潼縣境）。於是諸侯共迎立故幽王太子宜臼於申，是為平王。平王而後，周
室局勢丕變矣。

　　平王因避戎寇，東遷雒邑為王城，畿內之地尚有數百里，其後諸王相
繼，號令不行，既不能張惶六師，又復披析其地以為賞功之資，於是疆土日
削矣。今由顧棟高《春秋大事表・春秋列國疆域表》，錄東周之疆域如下：

平王東遷，雒邑為王城，畿內方六百里之地。	《鄭詩譜》云：封域在〈禹貢〉豫州太華外方之間。《正義》曰：太華即華山，外方即嵩高。〈地理志〉華山在華陰縣南，外方在嵩高。是從河南河南府嵩縣，直接陝西西安府華陰縣，皆周之封域。虢國桃林之地，皆其境內矣。又莊二十一年，王與 虢公酒泉。杜《注》：酒泉，周邑。在今陝西同州府澄城縣，直跨大河以西。 《漢書・地理志》云：初，洛邑與宗周通，封畿東西長，南北短，短長相覆為千 里。二封之地本相通，是時周東遷未遠，西畿之地猶未為秦、晉所侵奪也。自晉滅虢而畿內始迫狹，東西都隔絕矣。

北得河陽，漸冀州之南。	《正義》曰：周襄王賜晉文公陽樊、溫、原之田，晉於是始啟南陽。杜云在晉山南河北。是未賜晉時，為周之畿內，故知北得河陽也。今為河南懷慶一府之地。
又汝州伊陽縣為周邨（音：ㄕㄣˇ）垂地。	《左傳》文十七年，甘歜敗戎於邨垂，戎即伊洛之戎，與伊陽接境。
申、呂為南門。	申國在南陽府治南陽縣。呂國在府治西三十里。《國語》史伯曰當成周者，南有申、呂。自楚滅申營方城，因裕州方城山為固，起南陽葉縣至唐縣，連接數百里，封畛於汝，直至汝水之南，與汝州伊陽縣接界，與王城逼近，自是遂觀兵周疆矣。
虞、虢為北戶。	虞國在今山西解州之平陸縣。虢國在今河南河南府陝州東南。虢舊封為今陝西鳳翔府寶雞縣東六十里，東遷後棄為秦之雍地，為西虢。虢叔之子孫從平土東遷，更封以弘農陝縣東南虢城，則今地也。是虢亦從周畿內析封矣。
隱十一年，桓王與鄭蘇忿生之田，溫、原、絺、樊、隰郕、攢茅、向、盟、州、陘、隤、懷。	按此十二邑，俱在今懷慶府。溫在今溫縣西南三十里，原今濟源縣西北有原鄉，僖二十五年，襄王更以二邑賜晉；絺在今河內縣西三十二里；樊一名陽樊，在今濟源縣東南三十里，後賜晉；隰郕在今河內縣城西三十里；攢茅在今修武縣西北二十里；向在今濟源縣西南；盟即古孟津，今孟縣西南三十里，有古河陽城，後歸晉；州今懷慶府東南五十里，後屬晉；陘即太行陘，在今懷慶府西北三十里；隤在今修武縣北；懷在今武陟縣西南十一里，後屬晉。
桓八年，盟、向背鄭，鄭伐盟、向，王遷盟、向之民於郟。	杜注：郟，王城也。今河南府洛陽縣西有郟鄏陌。此十二邑，鄭不能有而復歸之周也，《傳》獨言盟、向耳。觀僖二十五年，王以陽樊、溫、原、攢茅之田賜晉，州屬晉為隙稱、欒豹邑，陘屬晉為太行陘，懷又屬晉，宣六年，赤狄伐晉圍懷即此，使非歸之周，何緣更以賜晉乎？
莊二十一年，惠王與鄭以虎牢以東，與虢以酒泉。	杜《注》：虎牢，河南成皋縣，今河南開封府汜水縣西有虎牢城。酒泉，周邑。今陝西同州府有甘泉出匱谷中，造酒尤美，名酒泉。

僖二十二年，秦、晉遷陸渾之戎於伊川。	伊川即今河南府嵩縣。
僖二十五年，襄王與晉陽樊、溫、原、攢茅之田。晉於是始啟南陽。	俱見上。
昭十七年，晉荀吳帥師滅陸渾之戎。	三塗，山名，在今河南府嵩縣南，伊水徑其東。自是河南嵩縣之地屬於晉，王畿益迫狹矣。

　　蓋東遷之後，周室疆域，尚有舊河南、懷慶二府之地，兼得汝州。跨河南北，有虢國桃林之隘，以呼吸西京；有申、呂、南陽之地，以控扼南服。又虎牢、崤函俱在王略，襟山帶河，晉、鄭夾輔，勢尚不弱。及平、桓、莊、惠相繼，號令不行，王綱大墜，酒泉賜虢，虎牢賜鄭，至允姓之戎入居伊川。晉滅虢，鎬京之消息斷；楚滅申，南國之聲勢張。至溫、原蘇忿生之田與鄭，復以賜晉，則舉大河以北委而棄之。由是舊懷慶所屬七縣，原武屬鄭，濟源、修武、孟縣、溫縣屬晉，王所有者河內、武陟二縣及舊河南府之洛陽、偃師、鞏縣、嵩、登封、新安、宜陽、孟津及汝州之伊陽、魯山，許州之臨潁而已（以上節錄《春秋大事表》案語）。至戰國時周地更日為韓、秦等國所削，王畿幾於不國矣。

　　周室東遷而後，本都王城（即河南，又名雒邑），敬王乃遷都成周（即洛陽）。案王城、成周均在今洛陽縣，至考王時封其弟揭於河南，續周公之官，是為西周桓公，西周又封其支庶於鞏邑（在今河南鞏縣），是為東周。於是周分為三，而有二東周矣。王赧徙都西周，遂與鞏之東周分治，而成周無聞焉。後秦昭襄王滅西周，莊襄王滅東周，東、西周皆入於秦，周室遂不祀矣。

第六章

春秋列國疆域概述

第六章　春秋列國疆域概述

第一節　春秋時期華夏之疆域

　　春秋之時，列國之見於書者百四十餘，然此並蠻夷之國言之；若僅言華夏，實無此數也。今所謂華夏，以周之封國及風俗文化相同者為限，若楚、吳、越之用夷俗稱王創霸者不與焉。華夏諸國，強大者當推齊、魯、晉、秦、宋、衛、鄭諸國，今略述諸國之疆域沿革情形，以覘華夏勢力範圍之所在。其他附庸及弱小諸國疆域，亦不甚出此區域之範圍也。

　　齊以異姓獨封大國，蓋姬、姜二姓世為婚媾之故。《左傳》僖公四年：「管仲云……賜我先君履，東至於海，西至於河，南至於穆陵，北至於無棣。」《史記集解》引服虔曰：「是皆太公始受封土地疆域所至也。」竊謂太公始封時疆域必不如此之大，此蓋桓公時之疆域，所謂「東至於海」，蓋北臨渤海，東與南並臨黃海也。古黃河道經今南樂、冠縣西，大名東，堂邑、博平北，館陶、清平南，正當齊之西境，故曰「西至於河」也。今山東臨朐縣南百五十里有穆陵關，在大峴山上，齊南境也，故曰：「南至於穆陵。」今河北鹽山縣即古無棣，為齊北境，故曰：「北至於無棣。」太公初封都營邱（即臨淄），胡公徙都薄姑，獻公以下復都臨淄，今山東臨淄縣地也。

　　魯為周公封國，當春秋時兼有九國之地（極、項、鄣（音：ㄓㄨㄢ）、邿（音：ㄕ）、根牟、向、須句、鄆、鄟）。其疆域初占有今山東省之曲阜、寧陽、泗水、金鄉、魚臺、汶上、濟寧、嘉祥等縣地。後又兼涉滕縣、鄒縣、嶧縣地，與邾接境，泰安與齊接境，兼有新泰、萊蕪、臨沂、費、沂水、郯城、鉅野、武城、單等縣地，又兼安邱、諸城二縣地，與莒接境。又河南項城縣為魯所滅項國，南又涉江蘇之東海縣地。都今曲阜，地跨三省，共占今二十餘縣焉。

　　晉為武王少子唐叔虞之封國。春秋前後晉所兼併者約二十國左右。景公時翦滅眾狄，盡收其前日蹂躪中國之地，又東得衛之殷墟，鄭之虎牢，周之

陸渾等地。自西及東，延袤二千餘里，有今山西省大半之地。又有河北省之元城、邯鄲、成安、清河、永年、順德、邢臺、任縣、唐山、晉縣、趙縣、冀縣、槁城、欒城、柏鄉、臨城等地。並有山東省之恩冠、範等縣地，與齊、魯二國接境。更有河南省之濟源、修武、孟縣、溫縣、汲縣、淇縣、輝縣、浚縣、新鄉。南自平陸渡河，又有陝縣、閿鄉、靈寶、永寧、澠池、偃師等地。後又得今嵩縣、陸渾之地，與周、鄭、衛接境。西自永濟渡河，又有陝西之朝邑、韓城、澄城、白水等縣，與華陰、膚施、臨潼、商縣等地俱與秦接境。蓋晉在華夏諸國中，疆域最廣，地跨五省，初都翼城（絳），後遷於曲沃（新田）焉。

秦為周孝王臣非子封國，至襄公始列為諸侯。初國西垂（在今甘肅禮縣），遷都平陽縣（在今陝西岐山縣），又遷於雍（在今陝西鳳翔縣）。秦本為西陲附庸，乘衰周之亂，逐戎有岐山以西之地，其後稍稍蠶食西畿虢、鄭遺域。至穆公又滅梁芮，勢力遂與晉相接觸。春秋時之秦地，約占今陝西中部及北部、南部之一部，兼涉甘肅之東部，東與晉、楚接壤，西與羌戎比鄰，其河西要地多為晉所占據，故終春秋之世，秦不能甚得志焉。

宋為殷後微子啟之封國，都於商丘。今河南商丘縣地。春秋之時，兼有六國之地（宿、偪陽、曹、杞、戴、彭城）。其封域全有舊歸德府一府一州八縣之地，兼涉杞縣、封邱、蘭封、滑縣、睢寧、西華及江蘇省之銅山、沛縣、蕭縣，安徽省之太和，山東省之金鄉、嶧縣、東平、曹縣、菏澤、定陶等地。範圍跨四省也。

衛為武王弟康叔封國。其始封也，都朝歌（在今淇縣），兼有「三監」之地，封域本大，後再遷楚丘、帝丘，而其舊封多入於晉，狄乃迫狹矣。春秋之初，諸侯多務兼併以自廣，衛介在齊、晉、宋、魯、鄭五大國之間，無所發展，又被狄難，崎嶇遷徙，愈為不振。其地略有今河北省之濮陽、元城、

魏縣、長垣等地。又錯入河南省之滑縣、修武、安陽、內黃、林縣、封邱等地，山東省之濮縣、曹縣、陽穀、東阿等地。地多奇零，與諸國交錯。

　　鄭為宣王庶弟桓公友之封國，初封陝西華縣。東周之初，武公吞併虢檜之地，遷都新鄭。武公子莊公英武有為，然因四面皆逢強國，亦無能為開疆啟土之計。春秋二百四十年中，僅再滅許，肆其吞噬，而虎牢入晉，犫、櫟、郟入楚，鄭之封疆亦蝕於晉、楚焉。約略計其疆域，則占有今河南省之開封、蘭封、中牟、陽武、鄢陵、洧川、尉氏等縣，兼涉杞縣，與楚接界；陳留，與陳接界；封邱，與衛接界。許縣為其所奪許國之地。又及於延津、登封、鞏縣、偃師、扶溝、武涉、睢縣等地。其在河北省者，則又有長垣縣地，為祭仲邑，東明縣有鄭武父地，僅彈丸黑子而已。

　　總上諸國疆域所在，合以河南西部之周，河北中北部之燕（其疆域不詳），知當時所謂華夏之疆域，僅限於黃河流域，今陝西、山西、河北、河南、山東等省而已。

第二節　春秋時夷蠻戎狄之分布

　　春秋之時戎狄四起，若非有二三強大諸侯鎮撫其間，則誠有所謂「南夷與北狄交侵，中國之不絕若線」者矣。戎狄諸族之中，以狄、楚之勢為最強大，為患於華夏諸侯亦最屬。狄略分三種，曰：赤狄、白狄、長狄。赤狄之別有六，曰：東山皋落氏、廧咎如、潞氏、甲氏、留吁、鐸辰。白狄之別有三，曰：鮮虞、肥、鼓。長狄只有一種，曰：鄋瞞。《史記》謂赤翟、白翟居河西。杜預云：白狄在晉西。清顧棟高則謂狄處晉東，與西無預；實則晉之西、北、東三面皆環居狄族，蓋狄無城郭，飄忽無定，遷徙極易。如《史記·晉世家》言晉強西有河西與秦接境，北邊狄，東至河內，則知晉北有狄也。晉重耳居蒲，今為永濟縣，夷吾居屈，今為吉縣；〈晉世家〉言蒲邊秦，

屈邊狄。重耳之在狄也，從狄君以田渭濱，狄以重耳故，擊晉於採桑，即今
吉縣地，由此知晉西亦狄也。重耳在狄時，狄人伐廧咎如，獲其二女叔隗、
季隗，而重耳從狄君以田渭濱，則廧咎如當亦在晉西。晉既滅潞氏，復伐廧
咎如，討赤狄之餘，而廧咎如已在晉東，由此足知狄之東徙之跡矣。春秋
自魯莊公三十二年，始見狄禍，此後如火燎原，東夏悉被其殃。閔二年，狄
又伐衛，時齊桓公伯業方興，乃不能攘卻此寇，僅能遷邢於夷儀，封衛於楚
邱，坐聽邢、衛之亡，則狄勢之強可知也。僖十年狄又滅溫，其後伐齊、伐
魯、伐鄭、伐晉，並蹂躪王室，其勢益盛。不特此也，宋伐齊喪而狄救齊，
衛病邢而狄為邢謀衛難，仗大義於中國，有伯者風矣。自宣十五年晉師滅赤
狄潞氏而赤狄之威殺；翌年，晉人又滅赤狄甲氏及留吁，此後乃不見赤狄為
患矣。昭十二年，晉荀吳又滅白狄肥，昭十五年滅鼓，二十二年再滅鼓，
白狄所餘僅鮮虞，哀六年晉趙鞅伐之而未滅，蓋亦不絕如縷耳。魯文公十一
年，鄋瞞侵齊，遂伐魯，叔孫得臣敗狄於咸，獲長狄僑如，晉之滅潞也，獲
僑如之弟焚如，鄋瞞之族遂亡。鄋瞞居地，蓋在今山東省境內。

　　綜觀狄之分布，蓋今陝西渭水以東北及乎蒲、屈皆狄之居，而晉之西
北，遼曠之虛，並為狄土無疑。其東則自山西以迄河北、河南直抵山東境
內，皆其所出沒之地，特其俗無城郭，就山野廬帳而居，不易指名其實
處耳。

　　其次戎族。春秋之時，戎稱最雜，有所謂戎、北戎、允姓之戎、揚拒泉
皋伊洛之戎、茅戎、犬戎、驪戎等名目。其地域約略可分為三區，戎在今山
東省西南部濟寧、菏澤一帶，北戎約在今河北省，其餘諸戎或則居渭水流
域，以迄伊、洛流域。《左傳》昭公九年云：「允姓之奸，居於瓜州。」杜
《注》：「瓜州今敦煌。」陸渾之戎之遷於伊川白此地。案瓜州當在今陝西省，
謂敦煌者當不可信。揚拒泉皋伊洛之戎蓋雜處於伊、洛二水之間，然亦自西

第六章　春秋列國疆域概述

垂遷來者，如《傳》曰：「初，平王之東遷也，辛有適伊川，見被髮而祭於野者，曰：『不及百年，此其戎乎，其禮先亡矣。』」足證伊、洛之間，本無戎族，而為以後遷來者也。茅戎在今河南臨汝以及山西平陸一帶。犬戎則一見於渭汭，再見於桑田（今河南靈寶縣境），原居豐鎬之西，其後為禍及於成周，此足覘其遷徙之跡矣。至驪戎蓋亦在今陝西境內。舊謂在今臨潼縣。然戎數雖繁，大致僅能局促於諸大之間，非能狼奔豕突，若楚、狄之蠶食鯨吞也。蓋戎之大部在春秋時居河、洛之間，北晉、南楚、西秦，為諸夏所包圍，又逼近周畿，稍不謹則誅討至，亦地勢之不利，非人謀之不臧也。

次論蠻族。春秋之世，百蠻多屬於楚，無由自通於中國，故往往不能舉其稱，第謂蠻曰群蠻、濮曰百濮以概之，蓋其種類實繁，約略計之，可分為盧戎、群蠻、百濮、巴等。其地為今之某縣某邑雖頗難詳考，然亦約略可指其地。巴約在今四川江北縣。盧戎蓋在今湖北南漳縣境。《左傳》文公十六年云：「楚大饑。戎伐其西南，至於阜山，師於大林，又伐其東南，至於陽丘，以侵訾枝，庸人帥群蠻以叛楚，麇（音：ㄐㄩㄣ）人率百濮聚於選，將伐楚，於是申、息之北門不啟，楚人謀徙於阪高。」蓋楚東鄰群舒及吳，北為漢陽諸姬。西北則群蠻，西南則百濮，正西則巴，諸姬以隨為大，群舒以舒為大，群蠻帥乎庸，百濮則帥乎麇也。

楚亦群蠻之一也。蓋本東方夷族，周人遷之以西，遂竄居南土，稱為強族。周衰代興，併吞諸夏小國與蠻夷部落，地廣於齊、晉，勢雄於秦、狄，其疆域約包今湖北全省，北抵河南南部，西至陝西東南境與四川東境，東及江西、安徽，兼涉江蘇西南一小部，南則不越洞庭湖，地兼跨於七省。初都丹陽（在今河南西南部丹、淅二水交流處，舊說在今湖北秭歸等處，非是）；後遷於郢（在今湖北江陵縣）；復遷於鄀（在今宜城縣），號為鄢郢。蓋春秋時第一大國也。

吳、越亦夷蠻之族，舊說吳為周後，越為夏裔，皆不可信，吳、越王室蓋皆楚之支族，其民則東南夷也。春秋初，吳服於楚，蓋弱小之國，其後晉通之，乃稍強大，蠶食楚屬，遂與楚為勁敵。其地略有江蘇大部，西披安徽江西，南涉浙江，為春秋晚期之大國。都姑蘇，為今吳縣。吳強以後，越亦競起，從楚而仇吳，吳、越之爭既起，楚禍乃息，競爭之結果，越強而吳滅。越地在初時略有今浙江省及江西省之一小部，與吳、楚接境，都會稽，為今紹興；及滅吳後，盡有故吳地，疆域乃大盛焉。

　　次論夷族。《論語》云：「子欲居九夷。」注云：東方之夷有九種，若畎夷、黃夷、白夷之屬。考之《春秋》、《左傳》諸書，東夷之國亦不少，若淮夷、介、萊、根牟等是也。大凡夷族盛時，舉族北上至齊、魯邊境，其衰則舉族南遷於徐、揚，如徐本在魯東，又言在淮，奄在曲阜，又言在淮是也。《左傳》僖公十三年，淮夷病杞，齊桓公會諸侯城緣陵以遷杞，山東夷之勢復盛而北侵也。《春秋》僖二十九年，介葛盧來，此介見《經》之始，其地在今山東省膠縣境。萊始見於宣七年。根牟見於宣九年。萊在今山東黃縣，後為齊滅。根牟在今山東沂水縣，為魯所滅。此外群舒及江、黃、六、蓼之屬，雜處於淮水流域，蓋皆淮夷別種。然在春秋之世，皆未強大。四夷之中，蓋以夷勢為最弱也。

第三節　春秋時代諸侯之互相吞併及夷狄之同化

　　自入春秋以來，列國紛爭，周室得以綿延數百年不亡者，賴有齊、晉諸大國倡尊王攘夷以支持之耳。齊、晉之所以強大稱雄，則由於兼併各國。假令齊、晉謹守侯度，猶為臨淄、太原之封，則所謂南夷與北狄交侵之時，周天子安能統率虞、虢諸國以鞭策荊楚而抵禦夷狄？終因華夏諸侯中有強大之國，然後能攘卻夷狄，中原之文化始獲保存。夷、狄在政治上趨於滅亡，而

第六章　春秋列國疆域概述

在文化上亦必隨諸夏以同化矣。今依陳漢章先生「補史記十二諸侯表」以見當時兼併之略焉。

殷　邶　鄘　共　胙　南　燕　邢　凡	並滅於衛
奄　極　項　須句　向　祝　鄟　郜　鄫　鄅　單　顓臾	並滅於魯
茅　須句	先滅於邾
鄫　向	先滅於莒
權　聃　鄾　穀　鄀　羅　盧　鄀　鄖　貳　軫　絞　州　蓼　息　鄧　申　呂　弦　黃　夔　江　六　蓼　麇　宗　巢　庸　道　柏　房　沈　蔣　舒蓼　舒庸　舒鳩　賴　康　頓　胡　應　鄘　唐　微　盧　濮　屬　轊　許　杞　隨　摯　褒英氏　東不羹　西不羹　陳　蔡	以上五十八國盡滅於楚
州來　鍾離　巢　鍾吾　桐	皆滅於吳
吳　郯　莒	繼滅於越
戴　蕭　徐　宿　偪　焦　葛　偪陽　曹　郜	皆滅於宋
紀　郕　譚　遂　鄣　陽　萊　介　牟　任　薛　郭　夷州	邢　冀　皆滅於齊
唐　韓　耿　霍　魏　虢　虞　荀　賈　楊　焦　溫　原　邢　滑　沈　姒　蓐　黃　趙　微　雍	皆滅於晉
虢　鄶　許　管　鄔　祭	皆滅於鄭
召　芮　毛　畢　彭　酆　密　肜　郇　杜　亳　崇　梁	皆滅於秦

上共百五十餘國。然據《荀子‧仲尼篇》稱：「齊桓公國三十五。」《韓非子‧難二篇》稱：「晉獻公併國十七，服國三十八。」〈有度篇〉稱：「荊莊王併國二十六。」《呂氏春秋‧直諫篇》稱：「楚文王兼國三十九。」《史記‧李斯傳》稱：「秦穆公併國二十。」此四國五君已併國百三十七，故上表所列，特其可考者耳。而因華夏諸侯兼併勢盛之故，戎狄亦多被吞併，如萊、介等之滅於齊，根牟之滅於魯，盧戎、蠻氏等之滅於楚，驪戎、亳等之滅於秦，

陸渾之戎、鄋瞞、潞氏、甲氏、留吁、鐸辰、東山皋落氏、廧咎如、肥、鼓等之滅於晉。則知大河北境悉入晉封，汝潁以南悉成楚境，秦涼附近盡為秦疆，而膠東一帶化為齊土矣。當時異族本多與漢族通婚姻者。如周襄王之狄后，晉獻公之驪姬，晉文公之季隗，則知夷狄之文化必受漢族之影響，及其滅亡，遺黎當同化於漢族，即其存者亦漸華化矣。故楚雖蠻夷而文化人才乃不下於齊、晉，吳、越雖蠻夷，季札之淵博，種、蠡之文章，皆為一時之上選，可知其文化程度已漸發達，而秦則對西戎又自稱中國，此皆由中國文化之推廣所發生之同化作用也。

第六章　春秋列國疆域概述

第七章

戰國疆域變遷概述

第七章　戰國疆域變遷概述

第一節　戰國之形勢

　　春秋之季，晉六卿強而公室卑，所謂六卿，即范氏、中行氏、智氏、魏氏、趙氏、韓氏也。其後六卿益弱公室，至春秋末，又由六卿變為四卿，智伯與趙、韓、魏共分范、中行之地。時智氏最強，晉國國政皆決於智伯；其後趙襄子、韓康子、魏桓子共殺智伯，盡分其地，時周定王十六年也。然晉猶有君，三家尚為大夫；至周威烈王二十三年，始命晉大夫魏斯、韓虔、趙籍為諸侯，晉國乃亡。同時齊亦為其大夫田氏所篡。周顯王四十六年，越王無疆伐楚，楚人大敗之，乘勝盡取吳地，越遂散亡。其他宋分於齊、魏、楚三國，魯滅於楚，鄭滅於韓，白狄後之裔中山亦亡於魏、趙，惟衛最後亡，然毫無勢力。故所謂戰國者，乃指齊、楚、燕、韓、趙、魏、秦七國而言也。

　　戰國七雄：齊當盛時，威王擊趙擊衛，破魏，又救趙敗魏；宣王又破魏伐燕；湣王滅宋分其地，南割楚淮北，西侵三晉，泗上諸侯皆稱臣。蓋齊之疆域，南自宋、魯，北臨渤海（兼涉河北境），西越大河，東抵於海。楚（頃襄王遷於陳，考烈王遷於距陽。後又遷壽春）南抵湖南，西南至四川、貴州，西北至漢中，北抵河南南部，東北至山東南部，東至東海，東南抵江西、浙江，於戰國時亦最為大國。燕都今北平附近（初在今薊縣，後更建下都於今易縣），疆域所至，東臨朝鮮，北至塞外，西臨趙、代，南及滹（音：ㄏㄨ）沱。韓始都陽翟（在今河南禹縣），滅鄭後遷都新鄭，疆域所至，東臨洧水，西接商阪（在陝西商縣附近），南至宛（南陽）、穰（鄧縣），北自成皋逾河得上黨（故赤狄地）；兼有今河南中西部，復涉陝西、山西兩省地。趙都晉陽（今山西太原縣），徙都邯鄲（即今河北邯鄲縣）、中牟（在今河南湯陰縣），極盛之世，疆域北至恆山、塞外，南跨漳河，東擁清河，西越汾水，西北直抵今之河套，地跨河北、山東、山西、河南、陝西、綏遠六省焉。魏

都安邑（在今山西夏縣），徙都大梁（在今河南開封縣），其疆域東及淮、潁，西達河西，北至太行及山西省南部，南至鴻溝（即汴河），兼涉陝、晉、豫、皖、冀五省之地。秦轉徙都咸陽（在今陝西咸陽縣），孝公以後，於諸國為強，其疆域初略有今河南西南部，陝西中南部，及北部之一部與甘肅之東部，其後東侵韓、魏、趙、楚，北滅義渠，南併巴蜀，及兼有今山西省之一部，陝西全部，河南與湖北之西部及全蜀地，北亦兼併至今長城一帶。蓋七國幅員，楚、秦最大，齊、趙、燕次之，魏又次之，韓為最小也。

第二節　戰國時華夏疆域之擴張及民族之同化

春秋之世，華夏之地不過當今黃河流域陝西、山西、河北、河南、山東諸省之地。然即在此數省地中尚與夷狄雜處，異族分布情形已見前章所述，故《容齋隨筆》卷五有云：

> 成周之世，中國之地最狹。以今地理考之，吳、越、楚、蜀、閩皆為蠻；淮南為群舒；秦為戎；河北真定、中山之境，乃鮮虞、肥、鼓國；河東之境有赤狄、甲氏、留吁、鐸辰、潞國；洛陽為王城，而有揚拒泉皋蠻氏、陸渾、伊洛之戎；京東有萊、牟、介、莒，皆夷也；杞都雍丘，今汴之屬邑，亦同夷禮；邾近於魯亦曰夷；其稱中國者獨晉、衛、齊、魯、宋、鄭、陳、許而已，通不過數十州，蓋於今天下特五分之一耳。

洪邁之說特用《春秋》之義，所謂於諸夏之用夷禮者亦目之為夷也。凡諸夷狄之語言、宗教、衣服、風俗蓋多與華夏異，如《左傳》記辛有適伊川見被髮而祭於野者，曰：「不及百年，此其戎乎。」《論語》記孔子之言曰：「微管仲，吾其被髮左衽矣。」可以推定西北群狄之俗為被髮左衽。《史記‧吳越世家》皆有斷髮文身之語，可以推定東南瀕海之族多斷髮文身之俗。《史記‧西南夷傳》稱自滇以北，皆魋結，其外巂、昆明皆編髮，可以推定西南蠻夷之俗或盤髮或編髮。是皆與中華之冠戴民族不同血統者也。又如《左傳》記戎子駒支云：「我諸戎衣服飲食不與華同，言語不通。」又記介葛盧朝魯，

第七章　戰國疆域變遷概述

待譯而通。孟子斥楚之許行為南蠻鴃（音：ㄐㄩㄝˊ）舌之人。其語言今
雖不可知，而由人民地名中觀察楚、吳、越、狄等知其與華夏之單音語有別
也。《左傳》記東夷有人祭之俗，秦人之祭祀神祇亦與中原不同，是知宗教
風俗亦有別也。然而傳布文化之利器，莫如戰爭，自莊、僖之世，齊桓、晉
文繼起，併戎狄以自廣。秦、楚亦大滅夷狄而努力於華化，故論人文者春秋
時楚為最盛，秦則對西戎固亦以中國自居。其戎狄之被吞併者，當不復保有
其文化，故春秋時夷夏之分野，至戰國時固已大部分泯滅。因外族之消滅與
秦、楚、燕、趙諸國拓土之事，華夏疆域所及遠過於春秋。如秦則厲公先伐
大荔，取王城，使秦無東顧憂，是為侵略東方之舉。北方之國，義渠最強，
厲公伐之於前，惠王征之於後，至於昭王，義渠乃滅，是為侵略北方之舉。
孝公即位，西斬獂王於渭水以西，置隴西郡，是為侵略西方之舉。其後用司
馬錯之議伐蜀，蜀降為侯；及昭王之世，秦又興定蜀之師，而巴、漢之間悉
為秦壤；稽其疆域，南達黔中，是為侵略南方之舉。蓋四方境地皆有所開闢
也。趙則春秋末年，處其西北者有林胡、樓煩，與其雜居者有中山國。襄子
逾句注破並、代，臨胡、貉，而趙之北境直達雁門。中山兵力最強，惠文王
三年始滅其國。又北破林胡、樓煩，築長城於高闕，置雲中、雁門、九原
郡。及李牧為將，大破東胡，趙人勢力浸及漠南，西至河套，東至恆山，皆
為漢族之地矣。燕則戰國之時，處其北境者有東胡、山戎諸族，由今宣化達
灤州；及秦開襲破東胡，拓地千里，築長城自造陽之襄平，置上谷、漁陽、
右北平、遼西、遼東郡，而東北之地遂直達於朝鮮。楚則當戰國之時，封疆
萬里，東興兵滅越，地達海隅，而越裔居江南者，悉稱臣納貢；莊蹻辟地西
南，東起黔中，西通滇國。由此知戰國之時開化之地，已占有今陝西、湖
北、湖南、江西、浙江、安徽、江蘇、山東、河南、河北、山西及甘肅、四
川，以至貴州、綏遠、察哈爾、熱河及遼寧之一部焉。較之春秋時僅占黃河

流域數省者，其廣狹為何如耶？

第三節　郡縣之起源

　　《漢書・地理志》言：「秦併兼四海，以為周制微弱，終為諸侯所喪，故不立尺土之封，分天下為郡縣；蕩滅前聖之苗裔，靡有孑遺。」後之人祖述其說，遂以為廢封建立郡縣始自始皇。其實不然也。蓋當春秋之時，諸大國併吞小弱，大抵即以其地為縣，縣或以之賞功臣，或特使大夫守之，如《史記・秦本紀》武公十年伐邽冀戎，初縣之。十一年，初縣杜、鄭。《左傳》僖公三十三年，襄公以再命命先茅之縣賞胥臣。宣公十一年，楚子縣陳。十二年鄭伯逆楚子之辭曰：「使改事君，夷於九縣（《注》：楚滅諸小國為九縣）。」十五年，晉侯賞士伯以瓜衍之縣。成公六年，韓獻子曰：「成師以出而敗楚之二縣。」襄公二十六年，蔡聲子曰：「晉人將與之縣以比叔向。」三十年，絳縣人或年長矣。昭公三年，韓宣子曰：「晉之別縣不惟州。」五年，蓮啟疆曰：「韓賦七邑，皆成縣也。」又曰：「因其十家九縣……其餘四十縣。」十一年，叔向曰：「陳人聽命而遂縣之。」二十八年，晉分祁氏之田以為七縣，分羊舌氏之田以為三縣。哀公十七年，子穀曰：「彭仲爽，申俘也，文王以為令尹。實縣申、息。」「齊侯鐘銘」記齊侯錫叔夷「其縣三百」，由以上諸證，知縣早起於春秋以前矣。

　　春秋、戰國之時，亦已有郡，如《國語・晉語》：「公子夷吾私於公子摯曰：『君實有郡縣。』」又《左傳》哀公二年趙簡子之誓曰：「克敵者上大夫受縣，下大夫受郡。」《史記・甘茂傳》：「范蜎對楚王曰：『……楚南塞厲門，而郡江東。』」《國策・秦策》：「甘茂對曰：『宜陽，大縣也……名曰縣，其實郡也。』」〈春申君傳〉：「黃歇言於楚王曰：『淮北地邊齊，其事急，請以為郡便。』」〈匈奴傳〉言趙武靈王置雲中、雁門、代郡，燕置上谷、漁

第七章　戰國疆域變遷概述

陽、右北平、遼西、遼東郡以拒胡；又言魏有西河、上郡以與戎界邊。蓋邊地近敵則郡之。上引趙簡子之誓，上大夫受縣，下大夫受郡，非郡小於縣而相統屬，乃因郡遠而縣近，縣聚富庶而郡荒陋，故以美惡異等也。〈晉語〉夷吾之言，君實有郡縣，亦言晉地之屬秦者異於秦之近縣，則謂之曰郡縣，亦非謂郡與縣相統屬也。及三卿分範、中行、知氏之縣，其縣與故縣隔絕，分人以守，略同守邊地之體，故率以郡名，而郡乃大，統有屬縣。其後秦、楚等國亦皆以所得諸侯地名郡，郡乃漸多矣。

　　至於郡縣之長官，則縣有縣令（或縣大夫）縣公，郡有郡守。如《國策・魏策》：「西門豹為鄴令。」《史記・春申君傳》：「以荀卿為蘭陵令。」〈秦本紀〉：「孝公十二年併諸小鄉聚，集為大縣，縣一令，四十一縣。」楚則縣之長官曰公，如《左傳》宣公十一年「諸侯縣公皆慶寡人」。此後劉邦之稱沛公，亦楚制稱公之遺意也。《史記・吳起傳》：「魏文侯以吳起善用兵……乃以為西河守，以拒秦、韓。」〈白起傳〉：「昭王四十五年，伐韓之野王，野王降秦，上黨道絕，其守馮亭與民謀曰，鄭道已絕。」〈樗里子傳〉：「昭王元年，樗里子將伐蒲，蒲守恐。」此均可為秦始皇以前已有郡縣守令之制之證也。

第八章
先秦人士之區劃地域觀念

第八章　先秦人士之區劃地域觀念

第一節　九州說及大九州說

　　春秋以前，中國內部多為獨立的國家及部落。所謂華夏文明只限於今河南、陝西、山東、山西、河北諸省境內，此一區域即當時之所謂「中國」。此外則謂之「蠻方」，蠻方在中國人之意想中已距離甚遠矣。

　　上古人之世界觀念，實以海為邊際，故有「四海」及「海內」之稱。《尚書・君奭》篇云：「海隅出日，罔不率俾。」〈立政〉篇云：「方行天下，至於海表，罔有不服。」此足以證明周人以海邊為天邊也。《詩・商頌》云：「相土烈烈，海外有截」，此足以證明商人亦以「海外有截」為不世之盛業也。春秋之時，天下之觀念尚甚狹小，如齊處山東，楚居湖北、河南，已有南海、北海之別，孔子登太山而小天下，其所謂天下之範圍之小可知矣。

　　古人以宇宙為禹所平定，故有禹跡之稱，如《詩・文王有聲》云：「豐水東注，維禹之績（跡）。」禹跡乃廣被天下者，故「禹跡」即為天下之代稱。又以為禹曾劃分天下為九區，即所謂「九州」者，如「齊侯鐘銘」云：「赫赫成唐……專受天命……咸有九州，處禹之堵」，此謂成湯受天命遂享有禹之九州也。九州或名「九有（圍）」（《詩・玄鳥》）、「九圍」（《詩・長髮》）、「九隅」（《逸周書・嘗麥解》），因之，知九州原來為一空泛之名稱，而非一種具體的地方制度也。

　　自春秋迄戰國，各大國努力開闢土地之結果，中國乃愈推愈遠，天下亦愈放愈大，中國人之地理觀念乃隨之而變，於是具體地方制度之九州說起。記載此種制度之書籍比較可靠者，為《呂氏春秋》，〈有始覽〉云：「河、漢之間為豫州，周也；兩河之間為冀州，晉也；河、濟之間為兗州，衛也；東方為青州，齊也；泗上為徐州，魯也；東南為揚州，越也；南方為荊州，楚也；西方為雍州，秦也；北方為幽州，燕也。」由此段文字知九州制度之背景，實為春秋戰國之形勢，此點本甚顯明，前人乃皆不加理會焉。越為揚州，燕

為幽州，乃字之聲轉；楚為荊州，乃沿用舊名；秦為雍州，因雍為秦都；齊為青州，因齊在東方，東方色青，乃五行說既起後之規定。此種九州之疆域蓋包括今河南、山西、山東、江蘇、浙江、湖北、湖南、江西、安徽、陝西、甘肅、河北、遼寧一帶地方，較殷、周時之中國，放大一倍有餘矣。

　　九州之名稱除見於《呂氏春秋》者外，又有梁州，見於〈禹貢〉；並州，見於《周官》與《逸周書》之〈職方篇〉；營州，見於《爾雅・釋地》。〈禹貢〉云：「華陽黑水惟梁州。」梁州乃指今陝西南部與四川一帶地方。〈職方〉云：「東北曰幽州，河內曰冀州，正北曰並州。」是知並州乃指今河北、山西之間一帶地方。《爾雅》云：「齊曰營州」，則知營州即青州之變名。以梁州、並州地域補《呂氏春秋》之九州疆域，則添出北部一隅及四川一省，此疆域已有宋、明時中國疆域四分之三矣。

　　以上所述「九州」之觀念，大致尚依實際之地理知識而建立。此外戰國晚年又有一種但憑想像而建立之世界觀念，代表此種觀念最完整者，為鄒衍之「大九州」說。鄒衍，齊人，約生於西曆紀元前三四世紀，史謂其著述十餘萬言，惜今已失傳，所可知者，僅於《史記》一小傳中見其學說之大概耳。〈孟子荀卿列傳〉謂鄒衍「以為儒者所謂中國者，於天下乃八十一分居其一分耳。中國名為赤縣神州；赤縣神州內自有九州，禹之序九州是也，不得為州數。中國外如赤縣神州者九，乃所謂九州也；於是有裨海環之，人民禽獸莫能相通者，如一區中者，乃為一州。如此者九，乃有大瀛海環其外，天地之際焉」。據此種說法，知禹九州中之一州，僅為全世界中七百二十九分之一。此種世界觀念，不能不謂為極大膽的想像也。

　　鄒衍之大九州名稱，除赤縣神州外，古籍皆不載。但《淮南子》中則記有一套整齊之九州名稱，云：「東南神州，曰農土；正南次州，曰沃土；西南戎州，曰滔土；正西弇州，曰並土；正中冀州，曰中土；西北臺州，曰肥土；

正北泲州，日成土；東北薄州，日隱土；正東陽州，日申土。」其名與〈禹貢〉等書異，未知是否即鄒衍所說之大九州？此外緯書中又有不同記載，無甚要義，今俱略之。

第二節　十二州說

　　古書中凡說「州」之制度，僅有九分制而無十二分制，鄒衍之大九州說，推廣為八十一州，亦為九之自乘數。〈堯典〉中乃有「肇十有二州」，「咨十有二牧」等語。但禹既在堯、舜時治水分州，何以〈堯典〉州數竟與〈禹貢〉不同？漢初人於此事之解釋，已不能見，今所見最早之解釋，當推班固《漢書·地理志》。〈志序〉有云：「昔在黃帝……方制萬里，劃野分州……堯遭洪水，懷山襄陵，天下分絕為十二州，使禹治之。水土既平，更制九州，列五服，任土作貢。」此亦本於穀永之說。《漢書·穀永傳》有云：「堯遭洪水之災，天下分絕為十二州，制遠之道微而無乖畔之難者，德厚思深，無怨於下也。」是謂十二州之劃分，乃堯遭洪水時之變制也。然在〈堯典〉中則絲毫無此意，況既云「肇」乃謂創制，非由洪水之分絕而變制，穀永等說終為曲解耳。

　　其後馬融之解釋恰與谷永、班固之說相反，馬融云：「禹平水土，置九州。舜以冀州之北廣大，分置並州，燕、齊遼遠，分燕置幽州，分齊為營州；於是為十二州，在九州之後也（《史記·五帝本紀·集解》引）。」班固謂禹平水土以前為十二州，以後併作九州，馬融乃謂禹平水土以後，舜更分九州為十二州，穀永謂天下被洪水分絕為十二州，馬融乃謂舜嫌冀、燕、齊之地廣而分為十二州，其相異有如是者。至十二州之名稱為何，馬融以前亦無知者。融謂〈禹貢〉九州冀、兗、青、徐、揚、荊、豫、梁、雍之外再加並、幽、營，即舜時之十二州。但營州與青州乃名異而實同者，馬融之十二州，

實際上乃僅十一州，中有一州有名而無實。後來之說居上，其弟子鄭玄乃彌補之曰：「舜以青州越海而外齊為營州，冀州南北太遠，分衛為並州；燕以北為幽州；新置之州併舊為十二州，更為之定界（《史記‧五帝本紀‧集解》引）。」由此說則營州乃當遼東、朝鮮一帶。但營州由營丘之名而來，何由渡海至遼東耶？況鄭玄謂「分衛為並州」，亦誤，《呂氏春秋‧有始覽》謂「河、濟之間為兗州，衛也」，東漢時衛地屬河內郡，司隸校尉所轄，鄭氏以衛屬並州，並州之境界未免偏東南矣。

自馬融、鄭玄之說起，十二州之名分配停當，於是後來注家依聲學舌，代代相承，如《偽孔傳》云：「禹治水之後，舜分冀州為幽州、並州，分青州為營州，始置十二州。」陸德明《經典釋文》云：「十有二州謂冀、兗、青、徐、荊、揚、豫、梁、雍、並、幽、營也。」舜時十二州乃被勘定。

吾輩研討此項問題，知舜時十二州名之成立乃由附會併湊而來，多屬無中生有。推其源皆由未肯謂〈堯典〉十二州無可徵考，及未肯說明〈禹貢〉、〈釋地〉、〈職方〉州名互相衝突，乃傳說互異之故，於是以三篇不同之說分屬夏、商、周，又齊不同以為同而屬之於舜，淵源既明，其說即不難推翻矣。

以舜時十二州與漢武帝之州制相比，大概相同，僅舜時多一營州，而少朔方、交趾兩刺史部。或十二分州制思想之來源，實為秦皇、漢武拓地開疆之反映，因拓地日遠，非「九」可包，故擴為十二耳。《漢書‧地理志》云：「武帝攘卻胡越，開地斥境，南置交趾，北置朔方之州，兼徐、梁、幽、並，夏、周之制，改雍曰涼，改梁曰益，凡十三部，置刺史。」此十二州制背景之最好說明。《左傳》哀七年云：「十二，天之大數也。」此亦或為取用十二數之理由也。

由上云云，十二州制之說，本非先秦所有，似未宜置於此章，特以其見

於〈堯典〉，而〈堯典〉一篇，疑其晚出者尚少，故述此說之來源，兼以證〈堯典〉乃晚出之書也。

第三節　畿服說

　　與分州說並稱者，古書中又有所謂畿服之說。畿服說最早見於《國語》，〈周語〉云祭公謀父曰：「夫先王之制，邦內甸服，邦外侯服，侯衛賓服，夷蠻要服，戎狄荒服。甸服者祭，侯服者祀，賓服者享，要服者貢，荒服者王。」是謂五服。〈周語〉又載襄王謂晉文公曰，「昔我先王之有天下也，規方千里以為甸服」，是甸服大有千里，餘服則不知其里數。是說之成蓋在春秋、戰國之間。時周天子久替，諸侯競起，中原復無霸主，異族楚、吳、越等迭興，天王中心之觀念已失，夷夏之限亦破，於是心存舊制者遂採觀故事，酌合禮情，托諸往古，造為此說。其意蓋為王國諸侯異族間定一簡單合理之等第，以伸其一己之理想而已。其說既托為先王之制，傳之久遠，世人遂錯認為實事矣。

　　出於戰國末或西漢初之〈禹貢〉，承受此說而稍變其制，云：「五百里甸服：百里賦納總，二百里納銍，三百里納秸，服，四百里粟，五百里米。五百里侯服：百里采，二百里男邦，三百里諸侯。五百里綏服：三百里揆文教，二百里奮武衛。五百里要服：三百里夷，二百里蔡。五百里荒服：三百里蠻，二百里流。」〈禹貢〉之綏服，蓋即〈周語〉之賓服，餘名皆同《國語》。自此五服，乃有一定之里數，而皆距離五百里焉。與〈禹貢〉同時或稍後之《逸周書·職方》篇（《周官》文同）更分天下為九服，云：「乃辨九服之邦國：方千里曰王圻（《周官》作畿），其外方五百里曰侯服，又其外方五百里曰甸服，又其外方五百里曰男服，又其外方五百里曰采服，又其外方五百里曰衛服，又其外方五百里曰蠻服，又其外方五百里曰夷服，又其

外方五百里日鎮服，又其外方五百里日藩服。」《周官》九服於大司馬職稱為九畿，於大行人職則僅邦畿及侯、甸、男、采、衛、要六服，六服之內為九州，六服之外謂之蕃國。說者謂要服即蠻服，蕃國即夷、鎮、藩三服。案〈職方〉王畿千里之說，蓋本於《詩》，而當〈周語〉、〈禹貢〉之甸服。其以甸服居侯服之外，則與〈周語〉、〈禹貢〉異。男服與采服、衛服、蠻服、夷服之名，殆即本於〈禹貢〉「百里采」，「二百里男邦」，「二百里奮武衛」，「三百里夷」，「三百里蠻」之文。鎮服、藩服不知所據，要為杜撰。〈禹貢〉之地猶方二千五百里，〈職方〉之天下則有五千五百里之大，其為秦漢時人觀念中之天下而非戰國以前人觀念中之天下可知也。

　　《虞書・皋陶謨》稱：「弼成五服，至於五千。」其天下之觀念亦大於〈禹貢〉而與〈職方〉相等。《周書・王會》篇又有三服之說：方千里之內為比服，方二千里之內為要服，方三千里之內為荒服。比，近也。比服顯為〈王會篇〉作者新構之王畿別名，要荒兩服則亦取自〈周語〉、〈禹貢〉，惟推廣五百里為千里耳。

　　畿服之說雖為後人杜撰，然亦略有所本。《矢令方彝》有「眾卿事寮，眾諸尹，眾里君，眾百工，眾諸侯：侯、田、男」之文，《大盂鼎》亦有「佳殷邊侯，田，雩殷正百辟」之語，《周書》更有「侯、甸、男、邦、采、衛，百工播民和，見士於周」（〈康誥〉），「越在外服：侯、甸、男，衛、邦伯；越在內服：百僚、庶尹、惟亞、惟服、宗工、越百姓、里居」（〈酒誥〉）。「侯、甸、男、衛，矧太史友，內史友，越獻臣，百宗工」（同上），「命庶殷：侯、甸、男、邦伯」（〈召誥〉），「小臣屏侯甸」（〈君奭〉），「庶邦：侯、甸、男、衛」（〈顧命〉）等文，《春秋左傳》襄十五年亦云：「王及公、侯、伯、子、男、采、衛、大夫各居其列。」可見侯、甸、男、采、衛皆爵位之稱，侯、甸、男為諸侯，采、衛蓋為附庸，其非畿服之稱明甚。蓋自〈酒誥〉

第八章　先秦人士之區劃地域觀念

有「越在外服」,「越在內服」之語,春秋以後之創為畿服說者即假用其名以托諸古,後世離古愈遠,又蔽於儒說之一尊,遂深信之而不疑矣。

第九章
嬴秦統一後之疆域

第九章　嬴秦統一後之疆域

第一節　六國之滅亡及秦之統一

秦孝公用商鞅變法，國大富強，乃建咸陽，築冀闕而徙都焉。又併諸小鄉聚為大縣四十有一，乃東拓土至河，魏因之徙都大梁。及惠文君立，晉先後納陰晉（今陝西華陰縣）及河西地（黃河以西地，今陝西大荔、澄城等縣），三晉之衰亡自此始。其後屢兼併諸侯土地。諸侯合縱以控之，合縱之說倡自蘇秦。及張儀相秦，又倡連衡之策使六國北面事秦，秦勢益張，離六國之交，使關東諸國互相猜忌，日圖略秦以抒禍。秦乃復用所謂遠交近攻之策，先服魏滅韓，近東略定，而後北舉滅趙，因便滅魏，趙魏滅然後分兩軍南滅楚，而北滅燕，略定代地。即以滅燕之軍南面襲齊，十年之間，六王畢而四海一矣！今略撮秦自孝公以後吞併六國之跡，為表於下（擇錄〈六國年表〉）：

孝公八年，與魏戰元里，斬首七千，取少梁。

十年，衛公孫鞅為大良造，伐安邑，降之。

十二年，初取小邑為三十一縣，令為田，開阡陌。

惠文王三年，拔韓宜陽。

六年，魏以陰晉為和，命曰寧秦。

八年，魏入少梁、河西地於秦。

九年，渡河取汾陰皮氏。圍焦，降之。

十年，公子桑圍蒲陽，降之。魏納上郡。

十三年，相張儀將兵取陝。

改元後九年，擊蜀，滅之。取趙中都、西陽、安邑。

十一年，侵義渠，得二十五城。

武王四年，拔宜陽城，斬首六萬。涉河。城武遂。

昭王六年，蜀反，司馬錯往誅蜀守煇，定蜀。

十七年，魏入河東四百里。

十八年，客卿錯擊魏，至軹，取城大小六十一。

二十一年，魏納安邑及河內。

二十九年，白起擊楚，拔郢，更東至竟陵，以為南郡。

四十四年，秦攻韓，取南陽。

四十五年，秦攻韓，取十城。

五十年，王齕、鄭安平圍邯鄲。及齕還軍，拔新中。

莊襄王二年，蒙驁擊趙榆次、新城、狼孟，得三十七城。

三年，王齮擊上黨，初置太原郡。

始皇帝三年，蒙驁擊韓，取十三城。

五年，蒙驁取魏酸棗二十城，初置東郡。

六年，秦拔魏朝歌。

七年，秦拔魏汲。

九年，秦拔魏垣、蒲陽、衍。

十一年，王翦擊閼與、橑，取九城。

十三年，桓齮擊平陽……因東擊趙之河南。

十四年，桓齮定平陽、武城、宜陽。

十五年，興軍至鄴，軍至太原，取狼孟。

十六年，發卒受韓南陽地。

十七年，內史勝，擊得韓王安，盡取其地，置潁川郡。

十九年，王翦拔趙，虜王遷，之邯鄲。

二十一年，秦拔燕薊，得太子丹，徙王遼東。

二十二年，王賁擊魏，得其王假，盡取其地。

二十四年，王翦、蒙武破楚，虜其王負芻。

二十五年，王賁擊燕，虜王喜；又擊代，虜王嘉。

二十六年。王賁擊齊，虜王建，初併天下。

第二節　秦郡考略

郡縣制度雖在春秋時已見其萌芽，然尚非推行普遍之地方制度，郡縣間亦不甚相統屬。時至戰國，郡始轄縣。始皇統一天下後，乃分天下為若干郡縣，以為地方之行政區劃。郡有守，掌治其郡；有丞，掌佐守；有尉，亦掌佐守，典武職甲卒。蓋守丞掌文事，尉承武備也。又有郡監，掌監郡。縣有令長，掌治其縣；有縣丞，掌佐令；又縣尉，掌武事。

核之《史記・始皇本紀》云：「二十六年分天下以為三十六郡，郡置守、尉、監。」《漢書・地理志》亦云：「本秦京師為內史，分天下作三十六郡。」是謂併天下後分天下為三十六郡。然內史是否在三十六郡內？秦郡是否僅為三十六，皆為中國疆域沿革史上最分歧之問題。如本《漢書・地理志》諸郡國下所注之沿革，則稱秦所舊有之郡併內史為三十七，其名如下：

河東　太原　上黨　東郡　潁川　南陽　南郡　九江　鉅鹿　齊郡　琅邪　會稽　漢中　蜀郡　巴郡　隴西　北地　上郡　雲中　雁門　代郡　上谷　漁陽　右北平　遼西　遼東　南海（以上稱秦置）　河南（故秦三川）　沛郡（故秦泗水）　五原（秦九原）　鬱林（故秦桂林）　日南（故秦象郡）　趙國（故秦邯鄲）　梁國（故秦碭郡）　魯國（故秦薛郡）（以上稱故秦某郡）　長沙（稱秦郡）　京兆（稱故秦內史）

然南海、桂林、象郡據〈始皇本紀〉及〈南越列傳〉謂為始皇三十三年所置，則謂二十六年之三十六郡有此三郡，乃成問題。九原郡於史亦無據。故三十六郡之目，當別有說，而三十六郡亦非秦一代郡之總數可知也。全祖望之《漢書地理志稽疑》於此有詳細考證，於諸家之中最具勝義。今撮錄之

於下：

內史　不在三十六郡內，蓋以尊京師也。

隴西　秦故封，不知其置郡之年。

北地　故義渠、大荔諸戎地，昭襄王置，不知其年。

上郡　故魏置，惠文王十年因之。

漢中　故楚置，惠文王后十三年因之。

蜀郡　故蜀國，惠文王后十四年因之。

巴郡　故巴國，惠文王后十四年置。

上六郡皆秦境。

邯鄲　始皇十九年置。

鉅鹿　始皇二十三年置。

太原　莊襄王四年置。

上黨　故韓置，後入趙，莊襄王四年因之。

雁門　故趙置，始皇十九年因之。

代郡　故代國，後入趙，置代郡；始皇二十五年因之。

雲中　故趙置，始皇十三年因之。

九原　始皇置。三十三年，蒙恬辟河西地四十餘縣，蓋以此四十餘縣置九原，不當在始皇二十六年所併三十六郡之內。

上八郡皆趙境。

河東　昭襄王二十一年置。

東郡　始皇五年置。

碭郡　始皇二十二年置。

上三郡皆魏境。

第九章　嬴秦統一後之疆域

三川　莊襄王九年置。

潁川　始皇十七年置。

南郡　昭襄王二十九年置。

黔中　故楚置，昭襄王三十年因之。

南陽　昭襄王三十五年置。

長沙　始皇二十五年置。

楚郡　始皇二十四年置。

九江　同上。

泗水　同上。

薛郡　同上。

東海　同上。

會稽　始皇二十五年置。

上十郡皆楚境。

齊郡　始皇二十六年置。

琅邪　同上。

以上二郡皆齊境。

漁陽　故燕置，始皇二十一年因之。

上穀　同上。

右北平　故燕置，始皇二十五年因之。

遼西　同上。

遼東　同上。

廣陽　始皇二十三年置。

上六郡皆燕境。

以上除內史及九原外，即始皇二十六年所分之三十六郡也。

南海　始皇三十三年置。

桂林　同上。

象郡　同上。

閩中　始皇置，不知其年。

上四郡，不在三十六郡內。

第三節　長城

　　長城之建築肇始於春秋，至戰國時代，齊、楚、燕、趙、魏、中山、秦諸國亦先後建城立防。始皇統一天下，使蒙恬修接舊有長城，以防匈奴，所謂「萬里長城」非即由其一手所造成也。兩漢、北魏、北齊、後周及隋，各修繕其一部。至明，因防蒙古之故，又整理全城；今日之長城實明代邊牆，與秦、漢之舊觀相去已遠。今略述戰國時代各國及嬴秦之長城，若明代之邊牆，其詳述於後文。

- 齊長城

　　《管子‧輕重》篇：「管子曰：『長城之陽，魯也；長城之陰，齊也。』」《史記‧楚世家‧正義》引《括地志》云：「齊長城西起濟州平陰縣，沿河歷泰山北岡……至密州琅琊臺入海。」《趙世家‧正義》云：「齊長城西頭在齊州平陰縣。」〈郡國志〉濟北國下云：「盧有平陰城，有防門，有長城至東海。」由上諸條知齊之長城西起於今山東省西境平陰縣，歷泰山北岡，南達黃海北岸諸城縣境之琅琊臺入海。其建築時代當在春秋之際。「齺氏編鐘銘」文中已有「作齊，入長城，先會於平陰」之語，說者謂此鐘為周靈王時之器，則春秋時代齊已有長城可知矣。

- 楚長城

第九章　嬴秦統一後之疆域

　　楚長城又名方城，但方城亦為山名。其為山名者，如楚屈完對齊桓公稱：「楚國方城以為城」，即方城山，在今河南葉縣南四十里境。其後歷代郡縣亦有名方城者，故讀古書者應分別何者始為楚之長城也。《水經‧㶟水注》引盛宏之《荊州記》云：「葉縣東界有故城，始釁縣東，至瀙水，達泚（音：ㄅㄧˇ）陽，南北聯聯數百里。號為方城，一謂長城。」即《左傳》所謂「楚國方城以為城」是也。案葉縣東北之故城，雖為楚長城。但非《左傳》所謂之方城也。又《漢書‧地理志》南陽郡葉縣《注》云：「有長城，號曰方城。」葉縣在今河南魯山縣（古釁縣）與泌陽（古泚陽）之間，與《荊州記》所載相合，是知今河南魯山至泌陽縣之間有楚之長城。《水經‧㶟水注》：「酈有故城一面，未詳里數，號為長城即此。」酈縣在今河南內鄉縣東北十里地。《史記‧禮書‧正義》引《括地志》云：「方城在房州竹山縣東南四十一里……山南有城長十餘里。」按竹山縣之方城，原為庸有，後楚滅庸，方城始為楚險。至於葉之方城，當為楚北境之長城，惜其遺跡今無存者，多不可考矣。

‧ 魏長城

　　魏有西長城及東長城。西部長城因防秦而作，〈秦本紀〉云：「魏築長城，自鄭濱洛以北有上郡。」《正義》云：「魏界與秦相接，南自華州鄭縣，西北過渭水濱洛水東岸，向北有上郡鄜州之地，皆築以界秦境。」〈魏世家〉云：「築長城，塞固陽。」《正義》引《括地志》云：「梱陽縣，漢舊縣也，在銀州銀城縣界。」案魏長城自鄭濱洛，北達銀州，至勝州固陽縣為塞也。以今地言之，則知此長城南起於陝西華縣，沿北洛水而北，經鄜（富）縣、綏德、米脂等地，而達綏遠之固陽，長千餘里。又《後漢書‧郡國志》云：「卷有長城，經陽武到密。」即魏之南部長城也。魏都大梁，此長城乃繞乎大梁，而為魏之南屏。以今地言之，則北起河南原武縣西北，東至陽武縣，曲折而達密縣，長約四百里。其建築時代，蓋在戰國。

·　燕長城

　　《史記‧匈奴列傳》云：「燕亦築長城，自造陽至襄平，置上谷、漁陽、
右北平、遼西、遼東郡以拒胡。」此即燕之北長城也。造陽為今察哈爾省懷
來縣治，襄平在今遼寧遼陽縣北千里地，是知此長城延袤千餘里也。《戰國
策‧燕策》云：「張儀謂燕王曰：『今趙王已朝澠池，效河間以事秦，大王
不事秦，秦下甲雲中、九原，驅趙而攻燕，則易水長城非王之有也。』」此乃
燕之南長城。更據《水經‧易水注》所記，知此長城所經之地為今易縣西南
古關門城，及縣東南十六里地古漸離城之西；今徐水縣西二十五里地武遂縣
故城西南兩面，及縣西南二百里新城縣故城之北；自此而東北與今定興縣南
十里地范陽縣故城相望，又東經今任丘縣東南二十里地，阿陵縣故城之東北
文安縣附近。

·　趙長城

　　《史記‧趙世家》云：「肅侯十七年築長城。」又云：「武靈王召樓緩謀曰：
『我先王因世之變，以長南藩之地，屬阻漳、滏之險，立長城』。」先王即指
肅侯。此趙之南長城。以今地言，此長城乃在今河北磁縣及河南臨漳縣一帶
地方。又《史記‧匈奴列傳》云：「趙武靈王變俗胡服，習騎射，北破林胡、
樓煩，築長城，自代並陰山下至高闕為塞。」《正義》引《括地志》云：「趙
武靈王長城在朔州善陽縣北。」此趙北長城也。

·　中山長城

　　《史記‧趙世家》云：「成侯六年，中山築長城。」中山在趙之東北，今
河北省、山西省之間；長城亦應距此不遠，蓋用以防趙也。

·　秦長城

　　《史記‧蒙恬列傳》云：「始皇二十六年，使蒙恬將三十萬眾北逐戎狄。
收河南，築長城，因地形用險制塞，起臨洮至遼東，延袤萬餘里。」《水經‧

第九章　嬴秦統一後之疆域

河水注》云：「始皇令太子扶蘇與蒙恬築長城，起自臨洮，至於碣石。」蓋碣石在今朝鮮平壤南，秦屬遼東郡。此長城實集戰國沿塞長城之大成也。《史記·匈奴列傳》又云：「秦昭王時，義渠戎王與宣太后亂……於是秦有隴西、北地、上郡，築長城以拒胡。」臨洮為今甘肅岷縣，隴西今為甘肅狄道縣治，而甘肅隆德縣城西北六十里有長城，相傳為秦所築；固原西北十里有長城遺址，相傳秦滅義渠戎後所築。此秦原有之長城也。是知秦之大長城西起於今甘肅岷縣，東行經狄道、固原、隆德等地，包六盤山而北走，再經環縣而入陝西，東過綏德，渡黃河，歷山西、河北至山海關，又東北而至朝鮮平壤南，此秦長城之大略也。

第十章

西漢疆域概述

第十章　西漢疆域概述

第一節　漢初之封建制度

秦為無道，暴虐天下，陳勝、吳廣揭竿首義，項羽、劉邦相繼回應，遂屋秦社。項氏聽范增之計，復立楚後，以相號召；未幾，六國君臣竄伏草萊之間者，亦紛紛而起，相與並立，於是秦之郡縣區劃複雜以封建制度，殆與秦未滅六國時之情形相差無幾矣。

劉、項初起，關中未下，稱王號君者不可數計，然朝興夕伏者亦所在多有，直至項羽分裂天下大封王侯之時，始略得其眉目。項羽於誅秦王子嬰之後，與諸侯共尊楚懷王孫心為義帝，自立為西楚霸王，復分宇內為十八諸侯，其時之情形如下：

項羽自為西楚霸王，王梁、楚等九郡，都彭城。

劉邦為漢王，王巴蜀、漢中，都南鄭。

章邯為雍王，王咸陽以西，都廢丘。

司馬欣為塞王，王咸陽以東至河，都櫟陽。

董翳為翟王，王上郡，都高奴。

魏豹為西魏王，王河東，都平陽。

申陽為河南王，都洛陽。

韓成為韓王，都陽翟。

司馬卬為殷王，王河內，都朝歌。

趙歇為代王，都代。

張耳為常山王，王趙地，都襄國。

英布為九江王，都六。

吳芮為衡山王，都邾。

共敖為臨江王，都江陵。

韓廣為遼東王，都無終。

臧荼為燕王，都薊。

田市為膠東王，都即墨。

田都為齊王，都臨濟。

田安為濟北王，都博陽。

義帝都長沙郴縣。

受封諸王或為六國後裔，或為諸侯舊將，大者轄地數郡，小者僅得數縣，利益不均，其形勢自不能久也。

果也，漢王不甘樞伏，出關而東，以與項氏爭衡，二十諸侯之局面因以破裂。積數年之戰爭，漢王遂得次第芟滅群雄，復定一統。楚、漢相持之時，漢王雖從張良之計，不復立六國後裔，然封建之制度不能即因此而終止也。蓋軍中將士之所以轉戰南北者，其心目中固時時望他日分茅裂土為王為侯也。二等之敘，誠時勢所迫，不得不如此，非漢王鑒於亡秦之失，亦非有慕於成周之得也。初期之封王者凡八：

韓信為齊王，都臨淄；嗣改封楚王，王淮北，都下邳。

張耳為趙王，都襄國。

英布為淮南王，都六。

彭越為梁王，王魏故地，都定陶。

韓王信為韓王，都陽翟；嗣徙國太原，都馬邑。

盧綰為燕王，都薊。

吳芮為長沙王，王長沙、豫章、象郡、桂林、南海諸地，都臨湘。

亡諸為閩粵王，王閩中地，都冶。

漢王雖如此分土，然其心中固惴惴焉懼諸將之反側，亟思次第芟除，故韓信見誅，彭越葅醢，無非為欲達此目的也。他方復分封子弟，使與異姓諸王犬牙相錯，以相牽制；末年復定非劉氏不王之制，而異姓之王盡矣。高帝

第十章　西漢疆域概述

末年王者十國：

楚王交，高帝弟，六年封。

齊王肥，高帝子，六年封。

趙王如意，高帝子，九年封。

淮南王長，高帝子。十一年封。

梁王恢，高帝子，十一年封。

淮陽王友，高帝子，十一年封。

代王恆，高帝子，十一年封。

吳王濞，高帝兄仲子，十二年封。

燕王建，高帝子，十二年封。

長沙王吳臣，故長沙王吳芮後。

十王之中僅長沙一人為異姓，蓋以其地僻居南服，國小民貧，故能不見忌於漢廷耳。

諸侯王國封地大小雖不一，然合計之則甚廣，殆居其時郡國之大半。《史記‧漢興以來諸侯年表》云：

自雁門、太原以東至遼陽，為燕、代國；常山以南，太行左轉，度河、濟、阿、甄以東，薄海，為齊、趙國；自陳以西，南至九疑，東帶江、淮、穀、泗，薄會稽，為梁、楚、淮南、長沙國；皆外接於胡、越；而疆域內北距山以東盡諸侯地，大者或五六郡，連城數十，置百官宮觀，僭於天子。漢獨有三河、東郡、潁川、南陽，自江陵以西至蜀，北自雲中至隴西，與內史凡十五郡。

清儒全祖望嘗事考證，謂其時天子自有者實十八郡（《漢書地理志稽疑》四）。史公之言容或有誤，然十八郡之數亦非甚多。天子自屬諸郡中又雜以列侯公主之食邑，亦非盡隸於漢廷也。列侯即所謂二等之一。漢代列侯為數頗多，高帝一代已達百五十人，文、景而後，外戚、丞相及諸王之子弟亦皆受封，其數益多，此百餘列侯其食邑皆在漢郡之內，故漢廷十八郡僅名義上

之數字而已。

　　自文帝而後，血統漸疏，諸王疆土又過大，遂起漢廷疑忌之心。賈誼上治安之策，創眾建諸侯之議，以弱疏強親，故封建之局大異。景帝時用晁錯之計，大削藩封，七國之王遂相與反叛，其後雖能底定亂事，而上下益猜疑矣。下至武帝用主父偃之策，推親親之恩，使諸侯王得以食邑分封子弟，國土愈分，其勢益弱。漢初諸侯王或領數郡，或轄數十城，至是所轄者僅各得一郡，郡與國遂同等矣。且王子之為列侯者，其地皆屬漢郡，故郡之大者有及三四十縣，而諸王所屬有僅得五六城者，以之與漢初較，相去不可以道里計矣。

第二節　西漢之郡國區劃及其制度

　　秦併六國，大設郡縣，及其季年已有四十餘郡。漢興之後，迭有建置，下迄平帝元始二年遂增至百三郡國。班氏《漢志・後序》言漢代諸帝增置郡國之次序曰：「高帝增二十六，文、景各六，武帝二十有八，昭帝一。」然檢《志》文郡國條中所述始置之時，則與此未能相符。《志》文稱高帝所增置者凡二十有六：

　　馮翊（高帝河上郡）、扶風（高帝中地郡）、河內（高帝殷國）、汝南、江夏、魏郡、常山、清河、涿郡、勃海、平原、千乘、泰山、東萊、東海、豫章、桂陽、武陵、廣漢、定襄、淮陽、楚國、中山、廣陽（高帝燕國）、膠東、六安（高帝衡山國）。

　　文帝增六：

　　廬江、濟南、河間、菑川、高密（文帝膠西國）、城陽。

　　景帝增四：

　　山陽、濟陰、東平（景帝濟東國）、北海。

第十章　西漢疆域概述

武帝增二十五：

弘農、陳留、臨淮、零陵、武都、天水、敦煌、安定、西河、真定、犍為、越巂、益州、牂牁、武威、張掖、酒泉、朔方、玄菟、樂浪、蒼梧、交趾、合浦、九真、泗水。

昭帝增一：

金城。

別有未注建置之時者：

丹陽、廣平、信都、廣陵。

後世學人對此矛盾之記載迭有解釋，若《續漢書‧郡國志》、《晉書‧地理志》以及清全祖望、錢大昕諸人之著述，皆其著者，其說紛紜不一，近人譚其驤《漢百三郡國建置之始考》最後出而其說亦較精。據其論證，則除因秦四十一郡之外，高帝增十九，文帝增一，景、武二帝共增四十一，昭帝增一。武陵、淮陽、廣陽、東海，秦舊郡也。沛郡、桂陽、涿郡、勃海、平原，景帝所新置也。江夏、定襄、泰山，武帝所增建也。而千乘、東萊，亦景、武所立也。《志》皆入於高帝之時。若廬江、博陽（博陽即《志》文之濟南）、河間、膠西、城陽本高帝時或楚、漢間諸侯所置，《志》又誤歸之文帝。鄣郡（《志》丹陽）、東陽（《志》廣陵），亦高帝時或楚、漢間已有，《志》反未注其時。黜其所不當有而益其所當增，則高帝所增者實十九郡國耳。文帝之六國既黜其五，則所餘僅菑（音：ㄗㄞ）川而已。陳留、廣平、信都皆景帝所置，而《志》於陳留（景帝濟川國）則云武帝置，廣平、信都（景帝廣川國）又不注始置之年，皆非是。核其實則景置十二而武增二十七，益以未知確為景或為武所建之千乘、東萊二郡國，實得四十有一。昭帝僅金城一郡，當仍《志》說，合承秦之四十一郡，即所謂百三郡國也。

漢制異於嬴秦者，王國、侯國而外尚有州刺史部。〈地理志序〉云：「武帝攘卻胡越開地斥境，南置交趾，北置朔方之州，兼徐、梁、幽、並，夏、

周之制，改雍曰涼，改梁曰益，凡十三州，置刺史。」是此十三州者，乃因所謂夏、周舊制之冀、兖、青、徐、揚、荊、豫、益、涼、幽、並及新置之交趾、朔方二部也。惟《志》文郡國條中所注之州名，無朔方、涼州二部，別有司隸，而交趾亦稱交州，與〈序〉文大異。案司隸校尉之置為征和四年事，而十三州刺史部則在元封五年，是司隸校尉部不在十三州之中。西漢時，平當、蕭育、翟方進皆嘗為朔方刺史，則朔方亦一部也；《志》文於朔方郡下注云屬並州，蓋以東都新制為西京舊規。王莽時嘗改交趾曰交州，光武初雖復舊，明、章以後再稱交州，班氏又誤以東漢制度孱入《志》文中矣。《志》文雖未言涼州，然〈志序〉既言改雍曰涼，是涼州亦舊制也，且河西諸郡亦未注所屬，故不言涼州者，班氏誤遺之也。

　　十三州刺史部及司隸校尉部所統之郡國，班氏〈地志〉雖間有注及，亦多訛誤，頡剛舊著〈兩漢州制考〉嘗加校訂，今錄諸州所隸郡國於下，以見其時疆域分劃之情形：

　　司隸校尉部：京兆、扶風、馮翊、弘農、河內、河南、河東——凡七郡。

　　豫州刺史部：潁川、汝南、沛郡；梁國——凡三郡一國。

　　冀州刺史部：魏、鉅鹿、常山、清河郡；趙、廣平、真定、中山、信都、河間國——凡四郡六國。

　　兖州刺史部：陳留、山陽、濟陰、泰山、東郡；城陽、淮陽、東平國——凡五郡三國。

　　徐州刺史部：琅邪、東海、臨淮郡；泗水、廣陵、楚、魯國——凡三郡四國。

　　青州刺史部：平原、千乘、濟南、北海、東萊、齊郡；菑川、膠東、高密國——共六郡三國。

　　荊州刺史部：南陽、江夏、桂陽、武陵、零陵、南郡；長沙國——凡六

郡一國。

揚州刺史部：廬江、九江、會稽、丹陽、豫章郡；六安國——凡五郡一國。

益州刺史部：漢中、廣漢、犍為、越巂、益州、牂牁、蜀、巴郡——凡八郡。

涼州刺史部：隴西、金城、天水、武威、張掖、酒泉、敦煌、安定、北地、武都——凡十郡。

並州刺史部：太原、上黨、雲中、定襄、雁門、代郡——凡六郡。

幽州刺史部：勃海、上谷、漁陽、右北平、遼西、遼東、玄菟、樂浪、涿郡；廣陽國——凡九郡一國。

朔方刺史部：朔方、五原、西河、上郡——凡四郡。

交趾刺史部：南海、鬱林、蒼梧、交趾、合浦、九真、日南——凡七郡。

第三節　西漢地方行政制度

漢代因嬴秦舊規，復承成周故習，合封建郡縣二種制度冶於一爐，故其地方之官吏亦因郡國之情形而異。今略究其因革之跡，分論於後：

秦分天下為郡縣，而畿輔之地獨稱內史，以別於他郡，即以內史治之。漢初分其地為三郡：中曰渭南，左曰河上，右曰中地；雖為京師所在，而其地位則與他郡等。高帝末年，天下大定，復因秦制合之為一，其官吏亦如秦舊。稍後復分左右，其分置之時據〈地志〉所載，則武帝建元六年事也，而〈百官表〉又謂在景帝二年，檢〈表〉文，則景帝元年已有左內史晁錯之記載，知其時已分左右矣。武帝太初元年，更右內史為京兆尹，左內史為左馮翊，復以主爵都尉為右扶風，即治內史右地，是為三輔。後世遂為定制。三輔首吏雖有專名，究其實際固無異郡守國相，特以其為京師重地，故有斯

稱耳。

　　郡置郡守，以司民事，復置郡尉，以掌軍旅，皆秦時舊官而漢所因者。景帝中二年更郡守曰太守，郡尉曰都尉，遂為定稱。與郡同等者則諸侯王國，秦制所無，故其置官設吏，多所特創。高帝之時，諸王權勢頗大，官吏率如漢廷，〈百官表〉云：「有太傅輔王，內史治國民，中尉掌武職，丞相統眾官，群卿大夫都官如漢制。」是其國土雖小，而其職官初不異於帝室也。景帝遭七國之亂，以諸王權力過大，乃盛加損抑，復令諸王不得自治其國，所屬官吏皆由天子為之除授。元狩初，衡山、淮南二王謀反，武帝以其國屬吏實促其成，乃作左官之律，屬行限制。至成帝綏和元年復省其內史，以相代治民事，以中尉為之主兵旅。自文、景削藩之後，諸王國土日漸縮小，幾不能比之諸郡，守與相，都尉與中尉實際所差者僅名稱不同而已。

　　郡之太守與諸侯王國之相中尉，皆僅一員，而都尉之多寡則因地而異，邊圍要塞往往多至四五員。其名稱略見於〈地志〉，姑舉其重要者而言之：如會稽有西部都尉，復有南部都尉；酒泉有北部都尉，又有東部都尉；而雲中且有中部都尉；此外則騎都尉，天水、安定諸郡有之；農都尉，金城、西河諸郡有之；屬國都尉，上郡、五原諸郡有之；關都尉，敦煌、弘農諸郡有之。別有受降都尉（〈田廣明傳〉），護漕都尉（〈朱博傳〉），宜禾都尉（〈地志〉）諸名，皆因時而置，非常制也。

　　漢制別有州刺史，此秦代之所無者，《漢書·武帝紀》：「元封五年，初置刺史，部十三州。」諸州刺史僅司監察之責，非親民之官，故〈百官表〉云：「掌奉詔條察州。」胡廣《漢官解詁》亦言：「馳郡行國，督察在位，（敷）奏以言，錄見囚徒，考實侵冤，退不錄（稱）職。」（《北堂書鈔》七二〈設官部〉引）。刺史所轄之地域雖大，其重要反不及郡太守與國相，守相之秩各為二千石，而州刺史則僅六百石，不及三分之一，蓋其時地方制度尚為郡縣或王國侯國之二級制也。與州刺史相似者又有司隸校尉，〈百官表〉：「武

帝征和四年初置，從中都官徒千二百人。捕巫蠱，督大奸猾。後罷其兵，察三輔、三河、弘農。」是司隸之初置，本因巫蠱獄起，事平之後遂使察州。其形式雖與州刺史相似，而其權力則非州刺史所可及。其後刺史之權力漸次增大，寖假而憑陵太守，綏和元年遂因何武、翟方進之請，改刺史為牧，於是向之僅司監察之責者一變而直接指揮守相之大員，其地位頓見重要，而地方制度亦由二級制變為三級制矣。州牧權力過大，不便之處甚多，故三年之後又因御史大夫朱博奏言，復行舊制。王莽柄政，再稱州牧，漢室不久亦亡矣。

　　漢制郡國之下，復有縣、邑、道、侯國，〈百官表〉：「列侯所食縣曰國，皇太后、皇后、公主所食曰邑，有蠻夷曰道。」是所謂邑、道、侯國者，特縣之異稱而已。縣置令長以治其民，萬戶以上為令，減萬戶則為長，皆秦舊制也。邑、道置官與縣同，而侯國則別置相如王國，其職責與縣令長無異，對列侯亦不拘守臣節，而列侯亦不得以屬吏視之也。縣令長及侯相之下亦稍有掾吏以為佐貳，惟不若郡守國相之多耳。

第四節　西漢對外疆土之擴張

　　先秦之時，漢民族群居黃河流域，因地分國，自相爭長；而邊遠之邦又復竭其餘力以向他民族求發展之地，故秦處西方，因霸西戎，晉擴北土，威服狄人，燕國遠居幽、冀，遂東向而至遼河流域，齊、晉諸國又時時與楚、吳爭衡，蓋無處不顯其對外擴張之能力也。及秦併六國。於是向之分離不合之漢民族乃混成大一統之局面。秦皇黷武，南則略取陸梁，北復拓地榆中，並置郡縣，先秦以來，漢族向外發展，至此為極盛。

　　秦、漢二代最大之外患，厥為匈奴。始皇雖嘗使蒙恬北征，大起長城，秦祚絕後，其勢益張。漢祖平城敗後，邊事復急；文、景之世，胡騎每深入

安定、北地諸郡，勢逼京師，細柳、棘門遂皆為備胡之地，上下苦之。武帝即位，嘗用大行王恢之言，誘匈奴入馬邑，欲一舉殲滅，不意事敗垂成；然武帝雄才大略，並不因此而稍戢，乃任衛青、霍去病諸人當折衝之任，數數出塞，絕域遠征。元朔二年，衛青出雲中以西，至於隴西，遂收秦故河南地，置朔方五原郡，惟漢亦東棄上穀什辟縣造陽地以與胡。元狩三年，匈奴內訌，昆邪王殺休屠王來降，乃復以其地為武威、酒泉二郡。元鼎末，又復分武威、酒泉置張掖、敦煌郡，徙疆域內之民以實之。四郡之建置，非獨挾制匈奴，且為通西域之要道，其重要殊不能與常郡等。其間大兵雖時有遠征，若衛青之至闐顏山，霍去病之封狼胥居山，然軍還則已，未能統治其地。太初中，光祿徐自為自朔方塞外列城築鄣，遠至盧朐，復以重兵駐守，雖其所築城鄣未幾即為匈奴所毀，要可以覘漢地之遠大。《清一統志》謂盧朐（音：ㄑㄩˊ）河今名克魯倫河，源出喀爾喀肯特山，是今外蒙之地，其時已有漢亭鄣矣。其後五單于爭立，呼韓邪內附，居於塞下，北方始得稍息焉。

漢與匈奴交爭，以西域當匈奴右臂，乃使張騫西使，以孤匈奴勢。是時西域小國林立，蓋三十有六，稍後復分五十餘，其種族亦頗不一。〈西域傳〉言：「自疏勒以西北休循、捐毒之屬，皆故塞種也。」又云：「蒲犁及依耐、無雷國皆西夜類也。西夜與胡異，其種類羌氏，行國，隨畜逐水草往來。」而大宛以西至於安息，其人又皆深目多鬚眉，又與塞羌異種矣。張騫之初使也，諸國皆以距漢過遠，又畏匈奴，莫敢內附；迨匈奴昆邪王來降，河西四郡既建，玉門路通，諸國始皆相繼臣服。時烏孫最號大國，漢廷乃利用和親之計，以相接納。至貳師將軍征大宛，漢威遂遠被絕域；於是輪臺、渠犂皆置田卒，復有校尉領護，以為久遠之計。宣帝於烏壘城置都護以護南北二路，其形勢益固。迄王莽篡漢，始略形疏離。綜全漢之時，西域通中國者凡

第十章　西漢疆域概述

五十有六國，其國情風土備見班氏〈西域傳〉，今略舉名稱於下：

婼羌　樓蘭（昭帝元鳳四年，傅介子殺其王，更其國名為鄯善）　且末　小宛　精絕　戎盧　扜彌　渠勒　于闐　皮山　烏秅　西夜　蒲犁　依耐　無雷　難兜（屬罽賓）　罽賓（不屬都護）　烏弋山離（不屬都護）　條支（役屬於安息）　安息（不屬都護）　大月氏（不屬都護）　康居（不屬都護）　奄蔡（屬康居）　大宛　桃槐　休循　捐毒　莎車　疏勒　尉頭　烏孫　姑墨　溫宿　龜茲　烏壘　渠犁　尉犁　危須　焉耆　烏貪　訾離（元帝時分車師後王之西為此國。以處匈奴東蒲類王茲力支）　卑陸　卑陸後國　郁立師　單桓　蒲類　蒲類後國　西且彌　東且彌　劫國　狐胡　山國　姑溫（宣帝時分為車師前後王及山北六國）　車師前國　車師後國　車師都尉　車師後城長國

居漢之東北者為朝鮮。朝鮮古與中國通，自遭秦亂，漸相隔絕。漢初，燕人衛滿入其地，殺其王而王其國，為漢外臣。然以距漢過遠，漢兵所不能至，故每招誘人民，而真番、辰國之入貢者亦為所壅閼不通。武帝即位，發師東討，會朝鮮亦殺其王右渠降，乃以其地為真番、樂浪、臨屯、玄菟四郡，時元封三年也。其先曾因濊之降人置蒼海郡，然未久即罷，故僅四郡存焉。

南越王趙佗因秦末亂離，雄踞嶺南，竊稱帝號，高、惠、文、景諸帝頗事優容。武帝時，其相呂嘉復要其王反，盡殺漢使之在南越者，於是武帝乃議南征。元鼎五年，使伏波將軍路博多出桂陽，下湟水；樓船將軍楊僕出豫章，下橫浦；戈船下瀨將軍故歸義粵侯二人出零陵，或下漓水，或抵蒼梧；又使馳義侯因巴、蜀罪人發夜郎兵，下牂牁江：五路將士俱會番禺。其明年，南越平，以其地為儋耳、珠崖、南海、蒼梧、鬱林、合浦、交趾、九真、日南九郡。昭、元二帝罷儋耳、珠崖。故元始之時嶺南僅存七郡。會東粵亦數

反側，漢既定南越，其王益恐，發兵叛，漢因使兵擊其地，徙其民於江、淮間，東粵地遂空。

西南夷處巴、蜀塞外，各聚族而居，其君長凡數十，夜郎、滇、邛都、嶲、昆明、徙、莋都、冉駹、白馬等部為最大，其俗或耕田有邑聚，或隨畜遷徙而無定居，以道途遠阻，多不與中國通，而漢廷亦以其徼外蠻夷，不甚重視之也。及漢有事於南粵，使者唐蒙知由夜郎可趨南粵，乃說武帝謀取其地。武帝乃使蒙為使，使夜郎。建元六年，蒙至其地，降其王以為犍為郡。未幾，以北築朔方，據河逐胡，遂罷西南夷。自張騫使西還，建議取西南夷，出身毒，以通西域，漢遂再有事於西南夷。會南粵反，漢欲發西南夷兵，而且蘭君不行。元鼎六年，漢已滅南粵，乃以餘兵誅且蘭，降其地為牂牁郡。於是諸夷皆震恐，爭求內屬，因以邛都為越嶲郡，莋都為沈黎郡，冉駹為汶山郡，廣漢西白馬為武都郡。元封二年又擊降滇王，以為益州郡。西南夷自此大定。沈黎、汶山未久即廢，犍為、牂牁等遂得比於疆域內諸郡矣。

第十章 西漢疆域概述

第十一章
新莽改制後之疆域

第十一章　新莽改制後之疆域

　　漢代疆域賴有元始二年之簿籍著錄於班氏〈地志〉而得見其大凡。由〈地志〉觀之，其時有司隸部一、刺史部十三與郡國百三，漢制於是大備。惟此完備之制度不久即被破壞，蓋是時王莽已執政柄，漸改漢制，疆域區劃自非例外。莽改漢制肇始於元始四年，〈平帝紀〉：

　　　　元始四年冬，置西海郡，徙天下犯禁者處之……分京師置前煇光、後烈丞二郡，更……十二州名，分界。郡國所屬，罷置更易，天下多事，吏不能紀。

　　是不惟更易州名，即郡國縣邑亦當盛加改革，而十二州之建置直打破武帝以來固定之制度。至其改革之原因，據〈莽傳〉所載莽之奏書云：

　　　　漢家地廣二帝三王……州名及界多不應經。〈堯典〉十有二州，後定為九州。漢家廓地遼遠，州牧行部遠者三萬餘里，不可為九。謹以經義正十二州名分界，以應正始。

　　是其所製作完全以其心目中之經義為依歸。十二州之名稱，《漢志》多闕，據揚雄《十二州箴》則為：

　　冀　兗　青　徐　揚　荊　豫　益　雍　幽　並　交

　　莽之十二州較之漢制無司隸、朔方二部，並改涼曰雍，改交趾曰交州。蓋司隸、朔方與交趾皆武帝所新置，自王莽視之，固絕非合於經義之古制；然〈堯典〉有「宅南交」之語，是交趾之名雖不可用，而其中之「交」字則已見諸典謨，故黜其名而存其地，若司隸、朔方無所因恃，遂被廢省。《漢志》序文曾言「改雍曰涼，改梁曰益」，是雍、梁自為古制，故莽十二州中復涼曰雍，但未知益何以不改為梁耳。

　　西漢定都長安，於關中畿內之地別稱三輔，所以異於他郡也。莽以長安為西都，洛陽為東都，更長安為常安，洛陽為義陽，以示不相襲。復分三輔為六尉郡以拱衛京師。六尉郡者：京尉、師尉、翊尉、光尉、扶尉、烈尉也。而東都保忠信（漢河南）之周圍亦分置六隊郡，以與西京等。六隊郡者：前隊（漢南陽），後隊（漢河內），左隊（漢潁川），右隊（漢弘農），兆隊（漢

河東），祈隊（漢河南之一部）也。郡之等第亦各不相同，粟米之內日內郡，其外日近郡，有邊鄣者日邊郡，以示其遠近輕重也。

漢代地方之官吏，大抵州有刺史（後改牧），郡有太守都尉，而縣則有令長。莽既改州郡名稱，官吏因之亦多異。諸州因漢制置牧，其後更置牧監副，以為牧貳。始建國初年改太守日大尹，都尉日太尉，令長日宰。天鳳初，復置卒正、連率及屬正、屬長，卒正、連率職如大尹，屬正、屬長則若太尉，因官於其地者爵位之高低而其名稱亦不一也。六尉、六隊之尹為大夫，其尉則為屬正；保忠信之尹別日卿，示與他郡異也。西都別分六鄉，鄉置帥；東都亦分六州，州置長，此則漢制之所無也。

莽篡漢後僅十五年即為光武所滅，然此十五年之間，諸郡縣罷置更易，靡有定規，即當時之吏民已痛感其繁瑣，不能復紀其名稱。〈莽傳〉中言其時郡之改易歲有變更，一郡且有五易其名而還復其故者，可謂極複雜之能事矣；即莽自下詔書亦輒系其故名，稱為制詔，是誠苦矣。往往有諸郡屬縣互易，縣已盡，郡已廢，尚不知，而所謂大尹、太尉者皆常無處可歸，群集於都門，誠滑稽之事也。〈莽傳〉紀天鳳元年共有郡一百二十五，縣二千二百三，新室紛亂之疆域，得此數字，亦可稍稍知其梗概焉。

莽於元始時，強取西羌之地以為西海郡，羌民怨憤，遂於居攝初舉兵內侵。莽擴地不成，反致兵爭，殆其初意所未料及者。即位後又復數改制度，四夷亦疊更其名稱，向之稱王者皆改稱侯，又收其故印，別授以新室印綬，於是諸夷皆怨，紛紛背叛，自武帝以來征伐所得，一時俱盡矣。

第十一章　新莽改制後之疆域

第十二章

東漢復興後之疆域

第十二章　東漢復興後之疆域

第一節　東漢初年郡國之省併

自王莽改制之後，疆域之制度頓形紊亂，遂至吏民不能復記其名稱。光武起兵雖倡復漢制，然出征之將士，每專置牧守，擅更疆界，故〈劉玄傳〉謂其時「州郡交錯，莫知所從」。加以兵燹之後，戶口耗少，郡國益形空虛，應劭《漢官儀》稱「世祖中興，海內人民可得而數裁十二三，邊陲蕭條，靡有孑遺，郡塞破壞，亭隊絕滅」（《續漢志》劉《注》引）。其時荒涼之情況已可想見。然此僅示其概狀，不能備知其詳情。《續漢志》劉昭《注》：「光武中元二年戶四百二十七萬九千六百三十四，口二千一百萬七千八百二十。」是時上距光武即位已三十餘年，其戶口猶如此凋零，視元始時之戶千二百二十三萬三千六十二，口五千九百五十九萬四千九百七十八（《漢志‧後序》），所差將及三倍。光武削平內亂之後，因傷百姓遭難，官役煩多，遂命併省縣邑，與民休息。〈光武紀〉稱：「建武六年併省諸縣凡四百餘所。」此四百餘所之縣邑僅言其大體，若其名稱則書缺有間，已多不能詳知矣。

縣、邑、道、侯國，為地方之基本區劃，建武省併之多幾當全數四分之一，不可謂非劇烈之變遷。諸縣既迭經省併，則居其上之郡國其政令自漸清閒，故光武復進而省併之。〈光武紀〉：

> 建武十年……省定襄郡，徙其民於西河。
>
> 十二年……省金城郡，屬隴西。
>
> 十三年……省併西京十三國：廣平屬鉅鹿，真定屬常山，河間屬信都，城陽屬琅邪，泗水屬廣陵，淄川屬高密，膠東屬北海，六安屬廬江，廣陽屬上穀（案：此僅十國，錢大昕《廿二史考異》：「十三國者，誤衍『三』字，而淄川下又誤衍『屬』字」，說是）。
>
> 二十年……省五原郡，徙其吏人置河東。

是所併省凡十三郡、國，已當西漢諸郡十分之一矣。

建武所廢諸國可別為二類：一為疆域內之國，一為邊境之郡。疆域內諸國因其人戶減少，而諸王之血統已遠，故舉而廢除之。邊地於戶口減少之外，又益以異族之襲擊，沿邊諸郡併省者甚多，非僅定襄、金城、五原三郡而已。〈光武紀〉：「建武二十六年，南單于遣子入侍，奉奏詣闕，於是雲中、五原、朔方、北地、定襄、雁門、上穀、代八郡民歸於本土。」是雲中等八郡初為匈奴所擾，乃徙其民於疆域內而廢其郡，至是因南單于歸順又復故耳。然此有可注意者，自秦得河南地，起長城，及武帝數遣師出征，匈奴不敢窺塞內者，蓋已數百年矣。自王莽亂漢，群雄並起，中原擾攘無暇北顧，匈奴故技復生，南侵塞內，至遷民廢郡以避之；其後雖復故地，然漢末之廢北邊九郡，其朕兆固已伏於此時矣。

　　〈光武紀〉：「建武十一年……省朔方牧，併並州。」是於併省縣邑郡國而外，復進而廢省州矣。朔方於王莽時一度省併，東漢初復立；然自北方八郡省併之後，人民皆已內徙，朔方牧不惟一變而為閒曹，且時時有被匈奴擄掠之虞，故省併已成不可避免之勢。惟南單于內附後八郡皆復故土，而朔方未聞復置，自此以後，朔方部之名即不復再見於疆域史上矣。東漢既廢朔方，尋降司隸之地位與諸州等，是仍為十三部，然已與西漢制度異矣。

第二節　兩漢地理制度之比較與其疆域之消長

　　建武之後，社會漸安，戶口日繁，司馬彪著《續漢志》以順帝永和五年為斷，謂其時有民戶九百六十九萬八千六百三十，口四千九百一十五萬二百二十，雖未能比肩於元始，較之建武中元已增過半矣。建武中元、永和之間，郡縣復稍稍分置，《續漢志·後序》謂：「明帝置郡一（永昌），章帝置郡國二（任城國，他一無考），和帝置三（濟北、河間二國及廣陽郡），安帝又命屬國別領比郡者六（犍為屬國、廣漢屬國、蜀郡屬國、張掖屬國、張

第十二章　東漢復興後之疆域

掖居延屬國、遼東屬國），又所省縣漸復分置，至於孝順凡郡國百五，縣、邑、道、侯國千一百八十。」東漢郡國雖較西漢多二，而縣、邑、道、侯國之類反稍遜矣。

　　東漢地方之制度大都因於西漢，若刺史部與郡國以及縣、邑、道、侯國之類，皆西漢之舊制也。光武初年曾以郡為公國，建武中諸公國多進位為王，僅宋、衛二公猶存，然所食實一縣之地，與侯國相差無幾，惟名稱稍異耳。至安帝之時，又命屬國別領縣等於郡，屬國之名西漢時已有之，惟其地位較低，至斯始升與郡等。此公國與屬國比郡之制度，即東漢增於西漢者也。

　　兩漢皆設刺史部，西京於十三刺史之外別置司隸校尉部，東都自省朔方刺史後，又降司隸校尉之地位與諸州等，故東漢實際僅有十三部（東漢都洛陽，以長安為西都，南陽為南都；獻帝初遷長安，繼徙許昌，洛都廢矣）。光武初，諸州皆置刺史；靈帝而後諸州刺史遂有稱牧者。刺史州牧之區別，多視其人之重要與否而定，大抵由公卿出而司州事者則稱牧，其他仍曰刺史，如劉焉之牧益州，劉虞之牧幽州皆是也。故東漢之末，地方制度已由虛三級制一變而為虛三級與實三級之混合制度矣。

　　兩漢地方區劃間有差異，故其縣邑之分布亦略有不同。大抵西漢之時，黃河一帶縣邑眾多，下至東漢，則長江流域反形增加，黃河流域似已不及。即以其時之戶口而論，則西漢之時北對南成三與一之比強，而東漢則已變為六對五之比弱（參見《禹貢半月刊》第一卷第七期譚其驤〈論兩漢西晉戶口〉）。可知兩漢四百年之間，南部漸較北部發達。

　　兩漢疆域之廣狹，大略亦復相同，惟對外之開擴東漢較有遜色。兩漢邊患之最烈者，要為匈奴，東漢初年北邊雖數被侵掠，然自匈奴分裂為南北單于之後，南單于遂遷處塞下，永為漢藩；而北單于猶數數入寇。章帝之時，

竇憲柄政，欲耀威異域，乃出塞北伐，大破虜庭，遂勒銘於燕然山上，北匈奴由是西遁，不敢復為漢患矣。

漢自武帝開通西域之後，諸國皆悉心內向；惟中經新莽之亂，絕不復至。光武初始漸有來者，然光武以天下初定，未遑外事，不欲遠通絕域，諸國遂復附於匈奴。其後屢通屢絕，至和帝時班超遂定西域。超復遣其掾甘英西通大秦，英至西海而還，雖其目的未達，然其行程之遠已為皇古以來所未有；而漢人對世界之知識亦因此大幅增加。超死，諸國復叛，其子勇克紹箕裘，再定西域，然歸附者僅龜茲、疏勒等十七國，蔥嶺以西遂絕不通。及漢末國衰，嶺東諸國亦疏慢不朝，張、班之功遂盡棄矣。

東漢最大之外患，不在匈奴，亦不在西域，而為西方之羌人。自王莽末羌人遷處塞內，遂生覬覦之心，數數內侵，不惟涼州諸郡多被其患，即三輔要地亦屢遭其蹂躪，居民東徙，田園為墟，寖假而侵至河東、河內，為害之烈可以見矣。其時征羌之軍屢出，耗帑無算，遂有議棄涼州者。其後賴趙沖、段熲等悉力征討，涼土得以不失，然其害仍未能盡除也。

至若高句麗、扶餘、倭、韓，以及西南夷南蠻等皆仍賓服，朝貢不絕。雖烏桓、鮮卑數為邊害，然其力小種弱，僅抄掠邊邑而已。故東漢之疆域雖未開擴，然猶能保西京之舊，而無大增損。

第三節　漢末九州制之復興

中國疆域史上之九州說、十二州說以及大九州說，在昔先秦之世，僅為一部學者或政治家之玄想或空談，雖於各州之中略著其名山大河，然究未能施及實際之區劃，故其結果亦不過成為一人或一時之學說而已，與其時之疆域無若何之關係也。自王莽假借其所謂之典謨以托古改制，於是漢武所制定之十三刺史部與一司隸校尉部一變而為十二州之制度，而昔日不著實際之學

第十二章　東漢復興後之疆域

說乃得見諸實行。然其心目中特藉此以為篡漢之步驟，其制度固無所謂善與不善也。

王莽歷位短促，故其建制不久亦歸夭折。然百餘年後復古思想又一度興盛，蓋東漢獻帝時曹操柄政，又倡復九州之制也。兩漢末年，兩度復古，相映成趣；而其復古之方法與目的又復相似，實奇跡也。

曹操之復九州制度為獻帝建安十八年之事，〈獻帝紀〉章懷《注》引《獻帝春秋》載其時州名及其分合曰：

> 時省幽、並州，以其郡國併於冀州。省司隸校尉及涼州，以其郡國併為雍州。省交州，併荊州、益州。於是有兗、豫、青、徐、荊、揚、冀、益、雍也。九數雖同，而〈禹貢〉無益州，有梁州；然梁、益亦一地也。

王莽所依據之經義為〈堯典〉，曹操則本之於〈禹貢〉，因其所採之經書不同，故其結果亦異。曹操之九州雖與〈禹貢〉少異，然梁、益一地實際又不在其範圍之內，無容細為推核也。

〈禹貢〉所述九州之區劃，多略舉其輪廓，如「沇河惟兗州」，「海岱惟青州」，「海岱及淮惟徐州」之類，因其時本無實際之境界故也。至於漢末，郡國羅列，縣邑星布，郡國有所屬，縣邑有所隸，不能復舉其一山一水以為割併之根據。然曹操於是時自領冀州牧，恢復九州者，不過假其名以益冀州之土地，冀州之外即略不注意其平均與否，故冀州一州兼轄漢時之幽、並、冀三州，大河以北皆入其範圍之內。冀州既益土，不能不略增損他州，以掩人耳目，故司隸及涼州併為雍州，而交州亦分隸於荊、益二州，蓋以其地非己有，雖不平均亦無關係也。

〈禹貢〉所載九州區劃雖非實際，然亦可以知先秦人士之地理觀念，若「荊及衡陽惟荊州」一語已明言其時之疆土不止於衡山；實際五嶺以南諸郡，歷經秦皇、漢武之征伐，始入中國版圖，強以〈禹貢〉所記制度區分之，已

嫌不倫，而分隸荊、益，更無所據。且諸州之區劃又多與〈禹貢〉所述者不合，蓋其時所因襲之者僅九州之名稱而已，其他則非所需。然由此亦可知曹氏幕中經生解釋經義之牽強附會也。

　　王莽之十二州制度與新室同時告終，其時期已屬短促，而曹氏之九州制度尚不若莽制之長，魏文之時即已不見其名稱，蓋其時魏已篡漢，復興九州之目的既失，故此新制因以廢除，非魏文不欲為其父之肖子也。此新九州制廢除之時雖暫不可考，然《魏志・蔣濟傳》已稱其時有十二州，〈杜畿傳〉中且詳載十二州之名，則曹魏不行九州制度可無疑矣。

第十二章　東漢復興後之疆域

第十三章
三國鼎峙中之疆域

第十三章　三國鼎峙中之疆域

第一節　曹魏之疆域

漢末群雄四起，爭相割據，曹操繼董卓之後，挾天子以令諸侯，四出征討，削除異己，二袁、劉表、呂布之屬相繼為所夷滅；惟劉備據有巴、蜀，孫權稱雄江左，恃險自守，終未歸於一統。及曹丕篡漢，蜀、吳相繼稱帝，三國鼎立之局勢於焉告成。

曹操柄政之時倡復九州，劃郡分國，亦頗鄭重其事，惟其建置僅行於其勢力範圍之內，其他命令不及之處則固仍因舊制，吳人不廢交州，即其明證。曹丕篡漢之後，此新九州制度即歸消滅，而其時疆域之區劃復因東漢之舊，僅各有增損而已。

三國之疆域，魏為最大，吳次之，而蜀漢最小。魏得東漢之司隸（〈魏志‧杜畿傳〉、〈吳志‧孫權傳〉皆稱司州，或其時已更名）冀、並、豫、兗、青、徐、幽（幽州東部初為公孫氏所據，公孫氏滅始全入於魏）、涼九州全土，及揚、荊二州江北之一部（二州雖僅一部分，猶置刺史，故仍襲揚、荊之名。文帝黃初三年因孫權歸附，改荊州曰郢州，未幾又復故）。後又析司隸、涼州立雍州，共得十二州（《晉書‧地理志》於秦州下注曰：「魏分隴右置。」後人之治曹魏地理者遂謂其時有秦州。然〈吳志‧孫權傳〉、〈魏志‧杜畿傳〉皆備言曹魏諸州，而不及秦州，其餘紀傳中亦無一言及之，《晉志》之說自誤）。

曹魏郡國建置之情形，治其時之地理者說各不同，即以郡國之數目而言亦紛紜莫定，《晉志》有郡七十五，《通典》、《通考》及《輿地廣記》皆謂六十八，顧氏《讀史方輿紀要》則云九十一，洪氏《補志》又謂百一，謝氏之《疆域表》、吳氏之《郡縣表》皆稱有九十三。今以吳氏所論為主，表示於下，其各家之不同者亦注及之。

州名	統郡	備考
司隸	河南、原武、弘農、河東、平陽、河內、野王	《晉志》、洪《志》、謝《表》、《紀要》無原武、野王二郡；吳《表》，二郡咸熙元年立。洪《志》有滎陽郡；吳《表》，滎陽之省，疑在嘉平初年。《紀要》別有朝歌郡，然朝歌實屬冀州非司隸也。
豫州	潁川、襄城、汝南、弋陽、梁國、陳郡、沛國、譙郡、魯郡、安豐	《晉志》無襄城；謝《表》無襄城、安豐，洪《志》別有汝陰、陽安二郡，《紀要》無襄城、安豐而有陽安。吳《表》，安豐黃初初立，襄城咸熙初立；又云，汝陰、陽安二郡後廢。
冀州	魏郡、廣平、陽平、鉅鹿、趙國、常山、中山、安平、平原、樂陵、勃海、河間、清河	《晉志》有博陵國，洪《志》有博陵、朝歌、章武，謝《表》有博陵。接三郡吳《表》亦著錄，蓋後廢。
兗州	陳留、東郡、濟陰、山陽、任成、東平、濟北、泰山	
徐州	下邳、彭城、東海、琅邪、東莞、廣陵	
青州	齊國、濟南、樂安、北海、城陽、東萊	洪《志》有長廣郡，吳《表》魏武置，尋省。
荊州	南陽、南鄉、江夏、襄陽、魏興、上庸、新城	洪《志》、謝《表》及《紀要》皆別有義陽郡，沈約《宋志》，義陽，魏文帝立，後省。
揚州	淮南、廬江	《紀要》有安豐郡，吳《表》屬豫州。
雍州	京兆、馮翊、扶風、北地、新平、安定、廣魏、天水、隴西、南安	洪《志》別有漢興而無安定、廣魏、天水、隴西、南安等郡，《紀要》無廣魏、天水、隴西、南安等郡，蓋皆以魏有秦州，以諸郡屬之也（洪《志》安定屬涼州）。吳《表》，漢興，漢末所立，入魏已省；黃初初年於西城置魏興郡，漢興之省當在此時。
涼州	金城、武威、張掖、酒泉、敦煌、西海、西平、西郡	洪《志》有安定郡。
並州	太原、上黨、樂平、西河、雁門、新興	

幽州	范陽、燕國、漁陽、北平、上谷、代郡、遼東、昌黎、遼西、玄菟、帶方、樂浪	《紀要》、洪《志》無漁陽郡，蓋誤從《晉志》。謝《志》有涿郡及遼東屬國，涿郡即范陽之故名，遼東屬國乃昌黎之舊號。

　　若諸縣之數則洪《志》謂有七百三十五，謝《志》稱為七百七十二，吳氏又云實有七百二十。案〈魏志・齊王芳紀〉：「自帝即位至於是歲（嘉平五年），郡國縣道多所置省，俄或還復，不可勝紀。」蓋其間疆場紛爭，每因時而廢置，不可勝紀之語，誠史家率直之言，非故為遁辭也。後世治此期之疆域者，紛紜多端，要未能劇成定論，今姑存其說而已。

　　魏文篡漢，建都洛陽，尋以譙縣為其先人故土，長安為西漢舊京，許昌為東漢所居，鄴為太祖興王之城，故並加都號，與洛陽同制，因有五都之名。自兩漢以來，長安、洛陽相繼為東西都會，帝王宅京亦僅限一地，漢末戎馬四起，流離遷徙，雖移居數地，猶以所居之處為重，故獻帝蒞許，洛陽即廢不為都，自魏文肇建五都，有首有陪，遂為後世開先例，隋、唐以後一代數都，殆未能脫曹氏之窠臼也。

第二節　蜀漢之疆域

　　漢末亂離，風雲四起，劉備起於布衣，與諸雄相爭，轉戰千里，幾無存身之處，自於南陽聞諸葛隆中之言，乃舍中原四戰之地，西入巴、蜀。巴、蜀初屬劉璋，璋暗弱不能保其疆土，先主乃乘間取之。蜀中固肥沃之地，據劍閣，臨三峽，地雖踘蹐（音：ㄐㄩˊ ㄐㄧˊ），而恃險以守，外兵輕易不敢叩關。先主入蜀，休養生息，亦可雄視四方矣。

　　劉氏之地僅益州一隅，當漢州十三之一，三國中，蜀之疆域獨最狹小，視魏之有十二州，吳之有四州，遠不如矣。劉氏於蜀中諸郡雖迭有建置，而州名則依漢舊。先主初入益地，都於成都，復於南鄙置庲降都督以統南中諸

郡。劉氏先後立都督凡四，庲降而外，尚有永安、江州、漢中三地，而庲降獨統郡，雖非州名，相差亦無幾矣。

　　或謂蜀人北有涼州而南有交趾，是其轄境固不僅益州一方也。然案之實際，交州尚有其名，若涼州則非蜀人勢力所能及也。涼州之建立乃魏景元四年之事，見諸〈魏志・陳留王紀〉，是時鄧艾已下蜀，而後主禪復舉家東遷，安能復從容析郡置州？蜀漢曾以姜維領涼州刺史，或以其時劉氏已有涼州，惟案其所轄者僅武都、陰平二郡，然二郡實益州舊屬，涼州之建置不外巧立名目而已，實際之疆域固未開擴也。

　　交州之名，蜀漢固嘗有之，然僅有其名而已；實際之土地固屬吳而不屬蜀也。說者以交州屬蜀，蓋以〈蜀志・李恢傳〉中有交州刺史之名，遂有此論。考〈恢傳〉有「恢為庲降都督使持節領交州刺史，住平夷縣」之文，即為論者所持之證據。然三國時人本喜置牧守以遙領他國州郡，此交州刺史即其類也。觀恢領交州刺史住平夷縣之文，即可知矣。平夷為牂牁郡屬縣，苟其時蜀人有交州之地，豈能設治所於益州之牂牁（音：ㄗㄤ　ㄍㄜ）？若謂蜀有交、涼二州刺史之名，即以蜀人有二州之證，然鄧芝曾領兗州，張翼嘗刺冀州，是蜀亦將有冀、兗之地乎？

　　益州統郡，各家之說亦間有不同，今列表如下：

州名	統郡	備考
益州	蜀郡、汶山、犍為、江陽、漢嘉、廣漢、東廣漢、梓潼、巴西、巴郡、巴東、涪陵、漢中、武都、陰平、朱提、越嶲、建寧、牂牁、永昌、興古、雲南	《紀要》以漢中、廣漢、巴郡、梓潼、涪陵、巴東、巴西、宕渠、陰平、武都為梁州；洪《志》、謝《表》無東廣漢郡。吳《表》，東廣漢郡，後主分廣漢置。洪《志》又有宕渠，吳《表》，延熙中置郡，旋省。

　　諸縣之數，洪氏謂有一百二十八，謝氏謂有一百四十六，吳氏則云有一百三十九，吾人存其說可已。

第十三章　三國鼎峙中之疆域

第三節　吳之疆域

　　孫權據有江東，襲父兄之餘蔭，巍然為一方霸主。自赤壁戰後，魏人不敢復輕視孫氏。其後兵戈雖未絕跡，而中原戎馬究未一越大江，故魏文篡漢，先主稱尊之後，亦竊帝號以自娛。其疆域約承漢之荊、揚、交三州，荊、揚與魏人隔江相對，各據其半，交則完全為吳所統治。黃武五年分交州為二部，南海三郡仍因故名，海東四郡別稱廣州。廣州之名，實始於此（廣州尋復除，至永安七年交、廣再分，始成定制。《通典》謂吳有五州，荊、揚、交、廣而外別有郢州，然郢州乃魏制，非孫氏所建也）。

　　吳人所置之州郡縣邑，據〈吳志・孫皓傳〉裴《注》引《晉陽秋》則其時有州四、郡四十二、縣三百一十三；然各家所云又各不同，《通典》、《通考》、《輿地廣記》、《方輿紀要》以及吳氏之表皆言四十三郡，而洪氏則謂有四十七，謝氏又言有四十八，今表示於下：

州名	統郡	備考
揚州	丹陽、新都、蘄春、會稽、臨海、建安、東陽、吳郡、吳興、豫章、廬陵、鄱陽、臨川、安成	《紀要》、謝《表》有廬江；《紀要》蘄春、安成屬郢州。謝《表》蘄春屬荊州。吳《表》，廬江，赤烏中省。。
荊州	南郡、宜都、建平、江夏、武陵、天門、長沙、衡陽、湘東、零陵、始安、昭陵、桂陽、始興、臨賀	《紀要》無江夏，而別有武昌，屬於郢州。謝《表》有營陽、蘄春，臨賀別屬廣州；吳《表》，營陽，甘露元年置，尋省。
交州	合浦、朱崖、交趾、新興、武平、九真、九德、日南	謝《表》，合浦、朱崖屬廣州。
廣州	南海、蒼梧、鬱林、桂林、高涼、高興	謝《表》別有臨賀、合浦、珠崖三郡。

　　諸縣之數亦有小異，洪《志》作三百三十七，謝氏作三百五十二，而吳

《表》又為三百三十一，皆與〈孫皓傳・注〉異矣。

第四節　三國時之地方制度與特殊制度

　　魏、蜀、吳三國之疆域雖各有不同，其地方之制度則又大同而小異，究其本原，皆因於東漢，僅略異其面目耳。東漢之制以州統郡，而郡之下復有縣、邑、道、侯國之屬。三國之後，邑道之名漸不見於史籍，當已廢省，故因於東漢者，僅州、郡、王國與夫縣、侯國諸種而已。

　　魏人雖無邑道之名，而縣與侯國之外，別增縣王國、公國二者，其王國之制與漢代略異。吾人當猶憶及西漢初年諸侯王之國土每有至數郡者，文、景而後漸與郡等，故《漢志》以郡國並稱，示無別也；歷經東漢，此制不改；曹魏雖亦有此種制度，其外尚有與縣侯國同等之王國，二者僅因受封者地位之高低及身分之輕重，略有區別，其他則無異也。因王國之不同，而生一似平凡而實離奇之制度。郡所統者為縣侯國、王國、公國，而王國所轄亦此三者，郡與國（指轄縣之王國）復受治於州牧或刺史，與東漢王國不統侯國之局面稍異矣。

　　若蜀、吳兩國則較簡單，二國疆域不廣，諸王之封建不以實土，故州之下僅有郡，郡之下又僅有縣與侯國，不似曹魏之複雜與離奇矣。

　　三國時州郡之官吏亦略因於東漢，蓋東漢末葉諸州或置牧，或置刺史，牧與刺史不惟名稱不同，實際亦且大異，刺史僅監察郡國，而牧則為統治郡國守相之大員。魏、蜀、吳三國皆因此制，如同一冀州也，孫禮、桓範領之則稱牧（各見〈魏志〉本傳），裴徽、陳本則稱刺史（裴見〈魏志・裴潛傳・注〉，陳見〈陳矯傳〉）；同一益州也，諸葛亮為州牧，蔣琬則為刺史（各見〈蜀志〉本傳）；同一交州也，呂岱為州牧，而戴良則為刺史（見〈吳志・岱傳〉）。其授受之標準因人而異，初無定制也。其下郡置守、都尉，國置相，

第十三章　三國鼎峙中之疆域

縣置令、長，仍同漢制。

　　三國時有二種特別制度，為前代所不經見者，則遙領與虛封是也。遙領者，不入版圖之地，而別於國內他處設刺史、郡守以轄之也。虛封者，則僅有封爵而無實土之謂也。此二種制度在其時建置極盛，請略言之：魏有益州刺史黃權（〈蜀志〉本傳），平州刺史田豫（〈魏志・蔣濟傳・注〉引司馬彪《戰略》），然黃權刺益州時，益州正為蜀中重地，而田豫之為平州，平州尚屬公孫氏。蜀、吳二國此制度尤盛。黃龍元年，吳與蜀約三分天下，冀、兗、並、涼屬蜀，豫、青、徐、幽屬吳，二國各於其範圍內置刺史、州牧，於是蜀有冀州刺史張翼，兗州刺史鄧芝、宗預，並州刺史廖化，涼州刺史魏延；吳有青州牧朱桓，豫州牧諸葛瑾，徐州牧全琮、賀齊，幽州牧孫韶（各見本傳），然其地實皆屬魏，蜀、吳二國固不得稍加染指也。先是蜀嘗以李恢刺交州，吳亦以朱然牧兗州，步騭牧冀州（各見本傳），自締約後，交州固吳人屬地，而兗、冀亦當蜀分，故紛紛自解其刺史、州牧，以示不侵。惟永安以後，吳人又以陸抗牧益州（見〈吳志・陸遜傳〉），是又敗約矣。刺史、州牧而外，守令之遙領者尤多，如魏有丹陽太守蔣濟，蜀有弘農太守楊儀（見本傳），吳有河間太守虞聳（見〈吳志・虞翻傳〉），即其著者。

　　曹魏之虛封僅見吳王彪一國（見〈魏志・楚王彪傳〉），若蜀、吳二國諸王，其封疆皆在域外，蜀有魯王劉永、梁王劉理（見〈蜀志〉本傳）、北地王劉諶（見〈蜀志・後主傳〉），所封皆在魏地，吳有南陽王孫和、魯王孫霸、齊王孫奮（見〈吳志〉本傳），亦皆魏土也。

第五節　三國時北邊漢族之南徙與南蠻山越之征服

　　東漢末年，中原擾攘，干戈不息，智士勇將咸以爭權奪地為能事，衛青、竇憲之故績殆無人復願提及。當是時胡人屢南下劫掠，塞內諸郡若雲

中、定襄、西河、雁門等地之居民遂四散流徙，塞下頓空。建安十八年，曹操倡復九州制度，因以並州之太原、上黨、西河、定襄、雁門、雲中、五原、朔方等郡屬冀州，而上郡亦西入雍州（《後漢書·百官志》引《獻帝起居注》）。曹氏復古九州，雖別有其目的，然並州諸郡人口之稀少，殆為不可掩諱之事實。建安二十年，省雲中、定襄、五原、朔方郡，郡置一縣，領其民，合以為新興郡（〈魏志·武帝紀〉），即其明證。苟此諸郡無匈奴之患，人煙稠密，何用魏武之併徙哉！黃初時，雖再置並州，然又徙新興郡於嶺南（見《通鑑》胡《注》引《漢晉春秋》），因棄句注山北諸地。秦、漢以來，蹙地之甚，無有逾於此者！然此特政府廢置州郡而已，若異族之人固已乘漢族之遷徙而據其故廬，五胡亂華聲中之劉淵、石勒，不皆西河、上黨之胡羯耶？故漢末北方居民之內徙，曹魏之棄邊，實已伏西晉末年亂離時代之導火線矣！

　　邊民內徙固予異族以可乘之隙，而疆域內戶口之減少猶屬當時之重要事件。吾人苟以三國郡縣與兩漢相較，其增置之數顯然可見，然不能認為漢族疆土擴大或人口增密之結果。三國相爭，兵戈不休，傷亡之眾直可謂盈城盈野，此實戶口減少之最大原因。且兵爭足以妨礙農作，饑饉之頻繁與盜賊之增多亦足以使戶口大量減少。《晉書·地理志》載太康元年平吳後之戶口，計戶二百四十五萬九千八百四十，口一千六百一十六萬三千八百六十三，較之東漢永和之時，相差乃至四倍，誠可駭人！且也，三國交爭，無非攻城掠地，然亦有若干州縣，人戶稀少，彼此互不治理，遂成甌脫，揚州廣陵、江都一帶，廢縣乃至十餘，蓋以此耳！

　　當北方異族移居塞內之時，正吳、蜀兩國征討山越南蠻之日，一為蹙土，一為擴地。吳地之山越分布極廣，會稽、吳郡、丹陽、豫章、廬陵、鄱陽、新都、東安、吳興諸郡莫不有其蹤跡，聚類而居，輒為漢族患。孫權以

第十三章　三國鼎峙中之疆域

其擾亂不息，忍痛卑辭臣魏（〈吳志‧孫權傳〉），其為害之烈可以見矣。孫氏諸將若賀齊、朱治、全琮，皆嘗竭其精力施以撻伐，其結果遂使漢族之活動範圍增廣不少，東安、新都諸郡皆以此而建置也。

　　蜀處益州一隅，本甚狹小，而南中諸郡又數為蠻擾。建興初，丞相諸葛亮率軍南征，遠渡瀘水，深入不毛，其地皆曩昔漢兵所不至，遠征且達於滇池，而別軍庲降都督李恢復追北至槃江岸，東且與牂牁接矣。南中平定，軍資國用多賴其地，蜀之所以屢伐魏人，以其得南中後，財力有恃無恐耳。蜀平南蠻後不置州縣，即以夷人理夷事，夷民感其信任之誠，誓不復叛，遂無後顧之憂。後世羈縻州縣土司制度之建置，尚不脫諸葛公之遺意也。

第十四章
西晉統一後之疆域及其地方制度

第十四章　西晉統一後之疆域及其地方制度

蜀漢既滅，司馬氏旋復篡魏，稱帝於洛陽，晉武尋又滅吳，三分之局復歸一統。《晉書‧地理志》敘其疆域沿革，以武帝太康初為斷，其言晉初之疆域曰：「武帝太康元年既平孫氏，凡增置郡國二十有三；省司隸置司州，別立梁、秦、寧、平四州，仍吳之廣州，凡十九州。」十九州者，司、冀、兗、豫、荊、徐、揚、青、幽、平、並、雍、涼、秦、梁、益、寧、交、廣州也。據《志》文所云，晉武增建郡國，合兩漢、三國所舊有者，共得一百七十有三（《通典》作一百五十有六），其區劃如下：

司州　河南、滎陽、弘農、上洛、平陽、河東、汲、河內、廣平、陽平、魏、頓邱等十二郡；

兗州　濟陽、泰山郡，陳留、濮陽、高平、任城、東平、濟北國等二郡六國；

豫州　潁川、汝南、襄城、汝陰、譙、魯、弋陽、安豐郡，梁、沛國等八郡二國；

冀州　渤海、常山郡，趙、鉅鹿、安平、平原、樂陵、章武、河間、高陽、博陵、清河、中山國等二郡十一國；

幽州　北平、上谷、廣寧、代、遼西郡，范陽、燕國等五郡二國；

平州　昌黎、樂浪、玄菟、帶方郡，遼東國等四郡一國；

並州　上黨、樂平、雁門、新興郡，太原、西河國等四郡二國；

雍州　京兆、馮翊、扶風、安定、北地、始平、新平等七郡；

涼州　金城、西平、武威、張掖、西、酒泉、敦煌、西海等八郡；

秦州　隴西、南安、天水、略陽、武都、陰平等六郡；

梁州　漢中、梓潼、廣漢、新都、涪陵、巴、巴西、巴東等八郡；

益州　蜀、犍為、汶山、漢嘉、江陽、朱提、越巂、牂牁等八郡；

寧州　雲南、興古、建寧、永昌等四郡；

青州　濟南、城陽、長廣郡，齊、樂安、東萊國等三郡三國；

徐州　東海、東莞、廣陵、臨淮郡，彭城、下邳、琅邪國等四郡三國；

荊州　江夏、南、襄陽、順陽、義陽、新城、魏興、上庸、建平、宜都、南平、武陵、天門、長沙、衡陽、湘東、零陵、邵陵、桂陽、武昌、安城郡，南陽國等二十一郡一國；

揚州　丹陽、宣城、淮南、廬江、毗陵、吳、吳興、會稽、東陽、新安、臨海、建安、晉安、豫章、臨川、鄱陽、廬陵、南康等十八郡；

交州　合浦、交趾、新昌、武平、九真、九德、日南等七郡；

廣州　南海、臨賀、始安、始興、蒼梧、鬱林、桂林、高涼、高興、寧浦等十郡。

然《志》文所載諸多訛誤，畢沅之《晉書地理志新補正》謂實得百七十有二，蓋青州脫去北海一郡耳（《志》佚濟南屬縣，而以北海為濟南，見方愷《新校晉書地理志》）。至其所屬縣邑，則據《通典》所載，凡千一百有九。吾人持此數字與前章相較，可知晉之郡增而縣邑反減少，其國力之盛衰亦可略窺概要矣。

史家志一代之地理，或以其極盛之時為據，或以其最後之年為斷，據其極盛之時，則其疆域之廣狹、戶口之增損皆可臚列詳載；斷於最後之年，則郡縣之沿革可以無遺。今《晉志》乃據其初年之疆域，故所言多矛盾訛誤，十九州之說即不能以之總括全代。蓋惠帝元康初年嘗割荊、揚二州之一部，別置江州；而懷帝又分荊、廣二州別建湘州，故言西晉疆域當以二十一州為主，所謂十九州者不過其初期之制，不足據也。

西晉承三國之後，故其制度多因漢、魏之舊，其所紹述漢制者，則於州下置郡國，郡國之下復析置縣及侯國；其承曹魏故事者，則有與縣及侯國同等之王國、公國。自漢季以降，諸州或置刺史，或任州牧，其權力輕重輒因

第十四章　西晉統一後之疆域及其地方制度

其人而定。晉雖盛置刺史，然亦間有州牧，若東海王越之牧豫州，即其例也。《宋書・百官志》謂其時牧為二千石，刺史六百石，惟其輕重則不在此；蓋魏、晉以下，刺史多帶將軍開府，任重者為使持節，權輕者為持節，再次為假節，若單車刺史則又下矣。此雖涉及軍制，然其時一般人士固以此而別刺史之高下也。

西晉郡國置太守、相，縣置令、長，亦若漢、魏舊制。郡、縣亦各有等級，郡有不滿五千戶者，五千戶以上者，及萬戶以上者；縣則有不滿三百戶者，三百戶以上者，五百戶以上者，千戶以上者，千五百戶以上者。縣而不滿三百戶，亦云小矣。

漢初封建僅有王國，若宋、衛之封公，則王莽創之。魏氏之世，公國始多。司馬昭為晉王，因裴秀等之議而建五等制度，五等者，公、侯、伯、子、男也，而諸王階級獨在五等之上。泰始初年復罷五等之制，存者惟王、公、侯等國而已。

泰始元年大封諸王，以郡為國，邑二萬戶為大國，萬戶為次國，五千戶為小國。所謂大國者，平原、汝南、琅邪、扶風也；次國則梁、趙、樂安、燕、安平、義陽；其餘皆為小國。公國亦三等，邑萬戶以上為大國，五千戶以上為次國，不滿五千戶為小國。其後屢有增損，公侯之國與縣王之國皆與諸縣相等矣。

第十五章
東晉南北朝疆域概述

第十五章　東晉南北朝疆域概述

第一節　五胡亂華及漢族之南遷

兩漢以來，每移塞外降胡處於疆域內，以為羈縻之計，漢季塞下居民見逼於異族，紛徙內郡，而異族之人又乘隙南遷；下迄晉初，不惟塞下諸郡盡為戎居，即關、隴、汾、晉亦多胡蹤。時人雖迭倡徙戎之論，而執政者不聽也。及八王亂起，胡人乃俟隙而動；永嘉禍作，諸胡遂紛紛並起，一發而不可收拾矣。其時中原州郡瓜分豆剖，極紛亂之能事，其間亂離蓋已一百三十餘年！生民顛沛流離，秦、漢以來未之有也！

永嘉之亂，始於前趙劉淵，而諸胡繼之，建國十六，即五涼四燕三秦二趙與夏、成漢也（其中前涼、西涼、北燕皆漢人）。諸國領土，以後趙、前秦為最廣，而前秦尤甚，北方諸郡盡入其版圖，幾與晉室對立。其他各國或據數州，或竊一方，皆稱王稱帝，相互爭長。今略論其疆域，列表於下：

國名	領州	四境	備考
前趙	雍、幽、冀、青、司隸、荊、豫、殷、衛、東梁、西河陽、北兗、並、秦、涼、朔、益	二劉盛時，其地東不過太行，南不越嵩、洛，西不逾隴坻，北不出汾晉。（用顧祖禹語，下同。）	劉淵起於離石，都左國城，號漢，尋徙蒲子，又徙平陽。劉曜徙都長安，為石勒所滅。
後趙	司、豫、兗、冀、青、徐、幽、並、朔、雍、秦、荊、揚、營、洛、涼	石趙盛時，其地南逾淮、漢，東濱於海，西至河西，北盡燕、代。	石勒本上黨羯奴，初屬劉淵，後據襄國稱帝。石虎遷於鄴，虎死養子冉閔殺石氏種族自立，為慕容燕所滅（顧氏《紀要》，石虎置涼州於金城）。
前燕	平、幽、中、洛、豫、兗、青、冀、並、荊、徐	慕容燕盛時，南至汝、潁，東盡青、齊，西抵崤黽，北守雲中。	慕容氏初居遼西棘城之北，至廆始營龍城而居之；其子儁初遷薊，後都鄴，為前秦苻氏所滅。（洪氏《十六國疆域志》，慕容氏尚有揚州淮南、蘭陵二郡。）

前秦	司隸、雍、北雍、秦、南秦、洛、豫、東豫、並、朔、冀、北冀、幽、平、涼、晉、沙、河、梁、益、寧、兗、南兗、青、荊、徐、揚	苻堅盛時，南至邔、樊（音：ㄈㄢˊ），東抵淮、泗，西極西域，北盡大磧。	苻氏自健時，入關據長安，至堅時，其勢遂大，盡平北方諸雄，然淝水敗後，瞬即瓦解矣。
後秦	司隸、雍、秦、涼、河、並、冀、荊、豫、徐、兗、梁、南秦、南梁	姚秦盛時，其地南至漢川，東逾汝、潁，西控西河，北守上郡。	後秦姚氏本南安羌酋，曾為苻秦部將，淝水戰後，遂叛而自立，都於常安（長安），及劉裕北伐，始滅其國。
後蜀	益、梁、荊、寧、漢、安	李成盛時，東守三峽，南兼樊、爨，西盡岷、邛，北據南鄭。	賨（音：ㄘㄨㄥˊ）人李氏，西晉時因饑饉就食於蜀中，至雄，稱帝於成都，國號成；至壽，又改國號曰漢，為桓溫所滅。
前涼	涼、河、沙、定、商、秦	張氏盛時，南逾河、湟，東至秦、隴，西包蔥嶺，北暨居延。	前涼張氏本為晉臣，及睹時艱，乃退保河西，威力所至，于闐、焉者皆臣屬之；至重華，始稱涼王，其後沒於苻秦。
西涼	涼		西涼李暠據酒泉稱秦、涼二州牧。傳子歆，為沮渠蒙遜所滅。暠所領雖號二州，實僅涼州一隅。
後涼	涼		後涼呂光亦苻氏舊將，嘗以兵西伐焉者等國，後據姑臧稱王。至呂隆時，降於姚秦。
後燕	冀、幽、平、營、兗、青、徐、豫、並、雍	後燕盛時，南至琅邪，東迄遼海，西屆河、汾，北暨燕、代。	自苻秦侵晉，破於淝水，諸將紛紛自立，燕裔慕容垂亦據中山稱王，是為後燕。垂歿，魏拓跋氏取鄴及河北地，垂子寶東保遼東。後馮跋作亂，後燕遂亡。
西秦	秦、東秦、河、北河、定、沙、涼、梁、南梁、商、益	乞伏盛時，其地西逾浩亹（音：ㄨㄟˇ），東極隴坻，北距河，南略吐穀渾。	苻堅敗後，鮮卑族乞伏國仁據苑川自立。國仁死，其弟乾歸遂稱秦王，後滅於夏。

第十五章　東晉南北朝疆域概述

國名	領州	四境	備考
北燕	司隸、平、幽、冀、並、青		北燕馮跋據後燕遼東舊域,都於和龍,為魏所滅
南涼	涼	南涼盛時,東至金城,西至西海,南有河、湟,北據廣武	南涼禿髮烏孤據廉川稱王,後為西秦所滅
南燕	青、並、幽、徐、兗(音:ㄧㄢˇ)	南燕之地,東至海,南濱泗上,西帶巨野,北薄於河	後燕慕容垂歿後,魏兵破鄴,燕主寶東走遼東。時垂弟慕容德守鄴,亦棄鄴據廣固,因稱帝,後為劉豫所滅
北涼	涼、秦、沙	蒙遜盛時,西控西域,東盡河、湟	北涼沮渠蒙遜都張掖,為魏所滅
夏	幽、雍、朔、秦、北秦、並、涼、豫、荊	勃勃盛時,南阻秦嶺,東成蒲津,西收秦、隴,北薄於河	赫連勃勃據統萬稱夏,後為吐谷渾所滅

　　中原之地既為胡虜所割據,遺黎不堪異族之壓迫,紛紛南渡(當時漢、胡之間傾軋極烈,冉閔誅石氏,羯、胡死者二十餘萬,可見一斑)。《晉書・王導傳》曰:「洛京傾覆,中州仕女避亂江左者十六七。」其數之多,可以知矣。南遷之人民多就江、淮之下游,蓋其時元帝渡江建都建康,京畿之地自為衣冠仕女聚會之中心,故南徐州一帶(晉人僑置諸州,不加「南」字,其詳具見錢大昕《十駕齋養新錄》中。此處僅以別於江北之徐州,故仍作南徐州)移民至者尤多。惟移於江、淮間者實以黃河下游之人民為多,略包今山東、河北及河南東部,蓋其地距江、淮間較近,而遷徙之時亦較易也。若黃河上游今陝、甘、山西及河南西部之人民,又多移就漢水以南江水上游巴、蜀諸地。此劇烈之胡禍及大量之移民,遂使漢族之文化由中原而轉至江左,漢、魏之時中原人物聲教之盛,一蹶而不能復振,故文中子謂「江東,中國

之舊也，衣冠禮樂之所就也」（《中說‧述史篇》）。此大量之移民雖遠離本土，猶稱故名，政府特為別置州、縣，而僑州郡縣制度因以成立，其詳情述之下節。

第二節　僑州郡縣制度之建立

五胡亂起，中原板蕩，士民遙思故國，紛紛南渡，其時上下咸思匡復，渡江之流人以為終有北還之期，每視僑寓為權宜之計。且其時門第之風漸盛，當世氏族每以郡望別高下，故土雖失，常欲存舊名以資辨識，故雖遠僑他地，猶稱故郡。政府以綏懷遺黎，輒因其遷移之地而錫以故土之名，於是僑州、郡、縣制度因之而起。元帝太興三年以琅邪國過江人民僑立懷德縣於建康，是蓋此種制度之濫觴也。

僑州、郡、縣制度之建立，雖以流民之遷徙為主因，然實際則非盡出於此。自南北對峙之後，接壤之地每因兵爭而變遷，故州、郡之建置亦時有不同。試以《宋志》所載之南豫州為例，自祖約失譙以後，退治壽春，其後治所益輾轉不定，蕪湖、邾城、武昌、牛渚、歷陽、馬頭、譙、壽春、姑孰、宣城諸地，迭為刺史治所，是蓋防禦北虜，故因時而不同也。

渡江之初，每有洛都刺史挾其兵力來歸，其舊治雖失而其兵力依然完整，政府為位置此失地之刺史，每因其所至之地而置州郡，是同為僑置，固不以人民遷徙為轉移也。若郗鑑初鎮鄒山，兗州刺史即治於其地，及其南行，刺史治所又隨之移於廣陵，即其例也。此蓋國家姑息一二擁有軍力之藩鎮，而為此權宜之計，非一般之情形也。

流民之遷徙既為僑置州、縣之主因，其遷徙之時初非同至一地，故往往一州之人散居數處，因其居留非僅一地，而僑置名目相同之郡、縣，如太原郡當西晉初固並州之地，而宋世既於青州置太原刺史，又於秦州置南太原刺

第十五章　東晉南北朝疆域概述

史，蓋二地皆有故太原之流民也。亦有諸州、郡之流民群寓一地，復各稱其舊籍，故咸康四年，京口一地竟為魏郡、廣川、高陽、堂邑諸僑郡及所統之僑縣共治之地。江左輒有一州僅失一部，則僑置郡、縣當在本州未失之部，東晉初年，臨淮太守治於歷陽，晉末僑於丹陽之於湖，不出揚州之境，此習見情形也。然每有州雖未盡失而人民已遠徙者，若淮南之義成縣，宋時且遠置於襄陽，又升之為郡；東晉揚州之松滋，反寄治於尋陽，松滋尚屬揚州，義成已改隸雍州，此皆因時制宜，非有定規也。

僑置州、郡既為一時權宜之計，故其民多不著土籍，寓居既久，漸同土著，此范寧所謂「人安其業，邱壟墳柏皆已成行，雖無本邦之名，而有安土之實也」（《晉書・范寧傳》）。國家設官施政，一同實郡，惟僑實相錯，其間轄隸統屬複雜特甚，洪亮吉《東晉疆域志》即因此而作也。今依洪氏所述，究其僑實關係，略列如下：

實州僑郡　例如荊州新興郡，益州南陰平郡，新興初隸並州，陰平原屬秦州。

僑州實郡　例如徐州廣陵郡，秦州陰平郡，徐州原治彭城，後迭僑治江南北，秦州本鎮上邽，江左或治襄陽或治漢中。

實郡僑縣　例如淮陵郡廣陽，東安郡發干，廣陽於西晉屬燕國，發干於西晉屬陽平郡。

僑郡實縣　例如南東海郡之丹徒、武進諸縣皆當地之實縣也。

僑州僑郡　例如豫州汝南郡，僑於江夏。

僑郡僑縣　例如陽平郡、館陶、濮陽等縣，僑於淮北。

僑州、郡、縣既因流民而置，故每當中原亂離淮海不安之時，僑置即因而增多，若永嘉諸胡之亂華，祖約、蘇峻之倡亂江淮間，與夫康、穆以後關中再為胡、氐所蹂躪，皆為流民大舉遷移之時，而僑置州、郡、縣之增置亦

以此諸期為最盛。隆安、興寧間，桓溫整飭閭閻，行土斷之法，流民與土著間之差別漸泯。義熙中又踵行其法，依界土斷，於是諸流寓郡、縣多被省併，僑置之風始稍殺矣。

晉末劉裕北伐，中原諸地一時又為江左所有，舊土既得，復建州、郡，然昔日之僑置者仍因而不廢，僅於新得諸實州郡上加「北」字，以資分別。元嘉以後，北虜復數數南侵，關西中原再度淪陷，於是曩所加「北」字諸州、郡亦僑於江、淮間，尋於舊日所僑置者冠以「南」字，「南」「北」相對，益形複雜；其後雖除「北」字，其複雜之情形依然如故。

自桓溫、劉裕迭行土斷之法後，流寓漸同土著，僑置亦類實土，其間繁雜愈甚，「魏邦而有韓邑，齊縣而有趙民，且省置交加，日回月徙，寄寓遷流，迄無定托，邦名邑號，難或詳書」(《宋書‧律志》)，沈休文已慨乎言之矣。自僑置之制興，疆域區劃頗異疇昔，秦、漢舊規無復存留，隋、唐以後即大異其趣，故謂此種制度為中國疆域史上之一大分野，亦無不可。

自東晉開僑州、郡、縣制度之端，宋、齊、梁、陳諸代皆承其陋習。陳陳相因，此制殆與南北朝共長久。

第三節　江左諸朝疆域之變遷

晉自永嘉亂後，中原諸地盡為胡有，元帝倉促渡江，暫處建康，僅保江、淮以南諸州郡，而淮水南北又數為漢胡爭鋒之地，其時疆域之廣狹頗無一定，朝得一城夕即棄之者，已成習見之事。《宋書‧州郡志》述其時之疆域曰：「自夷狄亂華，司、冀、雍、涼、青、並、兗、豫、幽、平諸州一時淪沒，遺民南渡，並僑置牧司，非舊土也。江左又分荊為湘，或離或合，凡有揚、荊、湘、江、梁、益、交、廣，其徐州則有過半，豫州惟得譙城而已（案《宋志》雖云司、冀……諸州，江左並僑置牧司，然《晉》、《宋》諸《志》

第十五章　東晉南北朝疆域概述

不惟無僑立平州之名，抑且無以平州移民所創立之僑郡、縣，《宋志》所言非盡實錄）。」僑置州、郡、縣之制度，僅為弱國對於所失土地表示留戀與懷念，故雖置官設吏，亦不過若望梅止渴，存其名而已。是東晉實有之土地僅荊、揚等九州與夫殘餘之徐、豫，較之西晉相差已過半矣（案寧州自西晉初始置，東晉尚存，《宋志》不言及，誤矣）。

自元帝東遷，士大夫多痛感故國之淪沒，時思恢復，如祖逖之鎮譙城，庾亮之戍石頭，皆嘗以收復故國山河為己任，然均未伸其志。及桓溫、劉裕始得大舉出師，桓溫以永和初西討成漢，收復益、梁之地，又遣軍北伐，西至灞上，以糧盡而返；太和初再出，為慕容垂敗於枋頭，司州諸地一度入晉，不旋踵而又失之；及苻堅勢盛，益、梁之地又復淪陷。苻秦敗後，慕容德、姚興又迭起於司、青諸州，而巴、蜀亦為譙縱所據。義熙初，劉裕又復北伐，東自廣固，西至關中，皆為晉有，青、兗、豫、司諸州咸復故土，又使朱齡石西征譙氏，盡復益、梁之地。惜劉氏急圖篡位，遂棄關中，其地再淪於赫連勃勃，良可惜也（《晉志》不載東晉之郡縣數目）。

劉裕伐秦歸後，未幾即受晉禪，稱宋帝。景平、元嘉之間，宋、魏屢興兵戎，然河南諸州郡尚多為宋守。《宋書·州郡志》以大明八年為斷，共得二十二州，其〈總敘〉中述諸州之分合曰：「宋世分揚州為南徐，徐州為南兗，揚州之江西悉屬豫州，分荊為雍，分荊、湘為郢，分荊為司，分廣為越，分青為冀，分梁為南北秦（案《宋志》南豫州條云：「永初二年，分淮東為南豫州，治歷陽，淮西為豫州。」僑置豫州之分南北當始於此。其後雖遷徙無定，要未廢省，〈總序〉中無一言及之，誤矣。又秦州無南北之分，此亦誤記）。」合益、寧、江、交、兗五州，即大明之二十二州（《通典》卷一七一〈州郡〉一載宋世有郡二百三十有八，縣千一百七十九）。其時黃河、秦嶺以南皆入劉宋版圖，自東晉元帝渡江，至陳氏亡國，其間疆域之廣，無出其右

者。然自明帝泰始以後，魏人大舉南侵，於是淮水之北，豫州西部，一時俱沒，以江、淮為北境，國土頓蹙，於是僑徐、兗二州於淮南，立青、冀二州於贛榆，國威頓減矣。

《南齊書·州郡志》記蕭氏諸州凡二十有三，其名曰：揚、南徐、豫、南豫、南兗、北兗、北徐、青、冀、江、廣、交、越、荊、巴、郢、司、雍、湘、梁、秦、益、寧（《通典》卷一七一〈州郡〉一載齊氏有郡三百九十有五，縣千四百七十有四）。窺其建置，多祖宋制；然宋人之二十二州乃遠至河南，而蕭氏之二十三州幾不得達淮岸，州名雖相因，疆土遠不相同，仍僅恃僑置為不二法門。後數數為魏所侵，領土漸虧；及東昏永元初，沔北諸郡相繼淪沒，魏人又東取臺肥、壽春諸地，齊人乃並淮南亦失之矣。

梁武帝代齊，州郡建置多沿勝國舊制。惟即位未久，漢川、淮西之地相繼皆失。《隋書·地理志》云：「天監十年，有州二十三，郡三百五十，縣千二百二十二（錢大昕《廿二史考異》謂：二十三州為揚、南徐、荊、江、雍、郢、南兗、湘、豫、司、北兗、北徐、青、梁、益、交、廣、南梁、寧、衡、桂、越、霍也）。」是郡縣雖減省，而諸州仍如故。中大通時大舉北伐，淮南諸地皆復入版圖，而征人且遠至洛陽，魏將侯景又以河南諸地來歸，幾若劉宋初年之情形，然未久復失，不能守也。梁氏君臣咸務開拓，淮北雖未能久守，然牂牁獠、狸荒徼之外，多經開闢，皆置州郡，而舊州又數數析置，故至「大同年中，州一百七，郡縣亦稱於此」（《隋書·地理志》語），江左建置州郡之多，至此極矣。

陳人承蕭梁舊規，然疆土愈蹙，巴漢之地為北周所併，大江以北又入高齊之手，西守三峽，北防江岸，土地之小，最於南朝。宣帝太建中，遣師北伐，盡取淮南諸地，更進而經略淮北，適高齊為北周所滅，陳兵亦被迫南旋，淮南又淪於周人，故《隋書·地理志》言陳氏之疆域曰：「威力所加，

不出荊、揚之域，州有四十二，郡唯一百九，縣四百三十八。」徐文範《東晉南北朝輿地表》記陳太建末之州郡縣，謂其時有州六十四，郡百六十六，縣幾六百，與《隋志》異矣。徐氏所載諸州為：

揚　南徐　東徐　東陽　縉　豫　宣　北江　江　合　西江　南江　寧吳　高　閩　豐　北新　土　富　洄　豪　泉　郢　荊　南荊　信　武　沅盧　湘　巴　雋　湘　羅　營　衡　東衡　郴　靜　東靜　桂　廣　瀛　成石　新　隴　建　定　尹　東寧　高　東羅　越　交　南新　愛　德　南合　安　黃　崖（徐氏之言曰：「《方輿紀要》云：『陳有州四十二，郡百有九，縣四百三十八』，實未盡其數，即瀛、建等州時已罷併，吳、宣等州時尚未置，去此數州，尚有五十餘州。餘蓋括陳氏所置之州除所失江北地，統計於此，即縣已是實數。」）

宣帝末，周將司馬消難以沔北九洲來歸（郢、隨、溫、應、土、順、河、濦、岳），周復取之，仍不能越江而北也。《資治通鑑·隋紀》：「開皇九年，陳國皆平，得州三十，郡一百，縣四百。」胡《注》：「按《隋志》陳境當時有揚、東揚、南徐、吳、閩、豐、湘、巴、武、江、郢、廣、東衡、衡、高、羅、新、隴、建、成、桂、東寧、靜、南定、越、南合、崖、安、交、愛，凡三十州。」是陳氏季年國土益蹙矣。

第四節　北魏周齊疆域之分合

元魏拓跋氏其先為鮮卑索頭部，世居漠北，後漸南遷，居漠南。晉永嘉初，其種人有猗盧者，助并州刺史劉琨討鮮卑叛者劉虎等，頗有功，晉帝特授為大單于，封為代公，於是猗盧遂率其種人徙居塞內。又傳至什翼犍，國

始強大。斯時前秦苻氏適四出征討，平滅諸雄，前涼張氏、前燕慕容氏皆為
夷滅，秦兵復北向擊代，拓跋之族遂四散離居。及苻堅伐晉，敗於淝水，曩
日被征服之諸族紛紛並起，各據土地，稱帝稱王，於是什翼犍之孫拓跋珪復
召集所部，居定樂，復稱代王，尋改號為魏，既向與燕構釁，取中山，因遷
都於平城。至其子明元帝又漸南下，爭河南之地，而魏之南疆遂遠至許昌、
汝陽諸地矣。太武帝時，西破統萬，驅夏赫連氏，尋得蒲反、長安。太延以
後，又東平遼東，西破姑臧，北燕、北涼皆被夷滅，於是北方大定。自晉永
嘉以後擾擾攘攘，旋起旋滅之十六國，至是遂盡入元魏之版圖，而與南朝成
對峙之形勢矣。

　　魏自太延以後，國境西至流沙，東接高麗，惟州郡建立多因時制宜，靡
有定規。太和十年始大加釐定，凡得三十八州，二十五州在河南，十三州在
河北。《資治通鑑》胡三省《注》記其諸州名稱曰：「河南二十五州：青、
南青、兗、齊、濟、光、豫、洛、徐、東徐、雍、秦、南秦、梁、益、荊、
涼、河、沙，時又置華、陝、夏、岐、班、郢，凡二十五。河北十三州：司、
並、肆、定、相、冀、幽、燕、營、平、安，時又置瀛、汾，凡十三州。」
然胡氏又引蕭子顯之說曰：「雍、涼、秦、沙、涇、華、岐、河、西華、寧、
陝、洛、荊、郢、北豫、東荊、南豫、西兗、東兗、南徐、東徐、青、齊、
濟、光二十五州在河南；相、汾、懷、東雍、肆、定、瀛、朔、並、冀、幽、
平、司等十三州在河北（胡氏引文略與《南齊書·魏虜傳》異）。」二說不同，
姑並存之。

　　魏太武、孝文之世，國力頗強，屢出兵遠征，與困守江左之南朝兵爭尤
多，江、淮間之州郡輒被侵凌。宣武帝之時又得漢川、劍閣、淮西諸地，國
勢益盛。自孝文遷都洛陽，承漢、魏之舊規，復受漢族之同化，國既富強，
文化亦漸高。惟孝莊帝之時，遭爾朱氏之亂，國威頓衰，三數年後，且復分

第十五章　東晉南北朝疆域概述

為東、西，東魏居鄴，西魏則遷於長安。及高洋篡東魏為齊，宇文覺代西魏稱周，於是與江左之梁、陳共成鼎峙之勢矣。

魏收之《魏書・地形志》雖亦稱為一代典籍，然吾人殊未能據以知元魏疆域之詳情；蓋收《志》以武定時之簿籍為據，武定乃孝靜帝之年號，時魏已分東西，不數年且為高氏所篡，故其《志》文頗詳於東而略於西；又以關西各地為西魏所據，而別以永熙時簿籍為本，一篇之中不以同一時代為準，頗乖史法。然吾人可因以知東西魏分離後之疆域，亦無可厚非也。考收《志》所載共得州百一十三（《通典》一七一《州郡》一：「今按舊史管州百十有一，郡五百十有九，縣千三百五十有二」，與此不同）。東魏所轄凡八十州，其餘三十三，收謂之淪陷諸州，即西魏之疆域也。

高齊席東魏故土，屢與宇文氏構釁，河陰、洛陽之間輒為兵爭之地，勝負互見，其後終為周人夷滅。文宣之時嘗遣將略地，南至於江，而武平中淮南之地又覆沒於陳氏。（淮南之地計二十七州：揚、南譙、西楚、合、江、東廣、涇、楚、潼、東楚、海、秦、仁、永、郢、義、定、光、南建、衡、巴、北江、南司、羅、和、安、產），及其亡也，共得州九十有七，郡一百六十，縣三百六十五（此據《隋書・地理志》。《周書・武帝紀下》：「關東平，合州五十五，郡一百六十二，縣三百八十五。」與《志》文不同）。徐文范記齊末疆域，謂諸州之名稱如下：

司　西兗　黎　義　洛　北荊　東雍　北豫　懷　南汾　晉　襄　齊
青　光　兗　北兗　南兗　濟　梁　譙　睢　信　豫　廣　東豫　鄭　南青
膠　徐　府　雲　顯　北顯　寧　嵐　朔　靈　建　汾　西汾　恆　北恆
肆　營　平　安　幽　北燕　東燕　鄴　南營　定　趙　冀　滄　北徐

與《隋志》之言又略異矣。

宇文周西據關中，東與高齊爭土，南得梁、雍、漢中，繼又遣軍入蜀，盡有梁、益諸州，復遠征姑臧，疆域益廣，建德初年，諸州建置乃至百餘：

雍	華	同	岐	隴	宜	原	鹽	寧	燕	涇	幽	蔚	恆	廓	敷
丹	夏	長	延	綏	靈	會	銀	復	都	安	郢	環	江	襄	隨	蔡
昌	唐	鄧	申	鄭	純	淮	潘	秦	殷	蒙	魯	豐	萬	廣	淅	信
通	硤	開	並	商	麓	洮	亭	虞	邵	秦	渭	交	河	岷	武	興
成	鳳	文	龍	扶	宕	蓬	鄀	涼	甘	瓜	巴	楚	臨	遂	合	梁
洋	金	洵	上	遷	羅	康	新	始	漳	利	沙	隆	渠	容	益	邛
雅	陸	眉	戎	資	灅	鄧	芳	瀘	益	潭	嚴	陝	中	和	蒲	絳
汾	勳	懷														

及平齊後，統一北方，其南疆自淮南迄於巴、蜀，較之元魏誠時，抑又過矣。而後梁據江陵有荊、鄀、基、平、直等州，為國外藩，固極一時之盛也。大象末，職方之臣所司凡州二百十有一，郡五百八，縣千一百二十有四。

第五節　南北朝時代地方制度之沿革及其紊亂

晉自元帝渡江，即位建康，郡國制度多仍因於西晉，而行三級之制，諸州置刺史州牧，郡國則置守相，縣有令長；所異者則西晉置河南尹，而東晉移為丹陽尹，蓋尹置於輦轂之下，西晉都洛陽而東晉都建康，故尹隨時改置。宋、齊、梁、陳國都因於東晉，丹陽置尹遂歷五代而不改。

宋、齊以後，雖仍遵行三級之制度，已稍異於東晉。吾人前讀漢時制

第十五章　東晉南北朝疆域概述

度，當尚憶及與縣同等之道，道主蠻夷，故多置於邊境，漢後則混同諸縣，久不聞其名。宋、齊之世，別於邊地置左郡左縣，以治蠻夷之人，其左縣實即漢代之道，特名稱少異而已。左郡、左縣之等級，亦若疆域內之郡縣，故亦有守令。宋初復行五等之制，廣建公、侯、伯、子、男諸國，因諸縣之地而封建之，國各置相，一同舊制。其他則州刺史（揚州刺史稱牧，因帝都在斯故也），郡守、縣令長之名稱仍因而不改。

蕭齊於主蠻夷之左郡左縣之外，復置狸郡獠郡，其名稱可考者若益州之東宕渠獠郡、越巂（音：ㄙㄨㄟˇ）獠郡、沈黎獠郡、甘松獠郡、始平獠郡及越州之吳春狸郡。大抵左郡之置雖在邊地，然不必皆有蠻夷，而獠、狸諸郡，則必置於蠻夷之中。試以《南齊書・州郡志》所載者為例，則豫、郢、司、益諸州俱有左郡之置，而司州置者尤多，若獠狸之郡，則僅益、越二州有之。

自東晉創僑州郡縣制度以來，江左一隅分州置縣殊形繁雜，不惟中原州郡僑移江左，即新析之區劃亦日漸增多，故梁天監以後，且增至百餘州，其州境之小，可以知矣。沈約生於當世，已痛感其混淆，因謂「地理參差，其詳難舉，實由名號驛易，境土屢分，或一郡一縣割成四五，四五之中亟有離合，千回百改，巧曆不算」（《宋書・州郡志》）。然其時固不僅分合雜亂而已，且每有郡縣「散居無實土，官長無廨舍，寄止民村」之情形（語見《南齊書・州郡志》）。夫有郡縣而無土地，有官長而無廨舍，寧非笑談，江左諸朝如此建置，豈能令州郡制度不日趨於紊亂乎？

因州、郡建置之繁雜，而各級之隸屬亦漸變更，自三級制度成立以後，州必統郡，郡必轄縣，已為不可變更之成規。宋末越州新置諸郡，沈氏不載其屬縣，想已無縣可屬，非沈氏之故失載也。至蕭齊之時，此等情形尤為習見，蕭子顯所著之〈州郡志〉中，無縣之郡已比比皆是。齊時荒郡尤多，此

類荒郡多無民戶，遑論縣邑，僅存名稱而已。

　　廣建州郡不惟使諸郡無縣可轄，且使二郡合治，此二郡合治名為「雙頭郡縣」。雙頭郡縣始見於《南齊書·州郡志》，青州之東莞、琅邪二郡即其濫觴也。此二郡所領之縣僅三，宜其合之為一處也。此種制度為濫置州郡自然之結果，故蕭梁繼位仍因之而不改。實則不僅梁氏為然，即北朝之元魏亦嘗仿其制度，《魏書·地形志》之雙頭郡縣多注「蕭衍置」之語，當為取諸梁人者，〈地形志〉所載之新蔡、南陳留二郡等雙頭郡縣多僅轄一縣，以二郡而共治一縣，寧非奇事！縣令何太苦，郡守何太閒？

　　蕭梁之世，州郡建置更屬奇觀。梁人北伐元魏，南平狸洞，每因所取之地，建立州名，輒有若干州郡不如一村落，即刺史守令亦任用當地居民，類若唐代之羈縻州，當時嘗有邊徼二十餘州，即職方之臣亦不知其處所，抑何可怪！邊關將帥一人守二三郡，尤為習見。領土不增，州郡反多，亦一時反常之現象也。

　　南朝地方制度，多因於漢、魏，雖其間少有差異，巧立名目，然尚有脈絡可尋，若北朝則不然。元魏、周、齊雖亦三級制度，實則非因於古；蓋元魏起於北方，初興之時每於邊要形勝之處建立鎮戍，而州郡之置反不重要。自後鎮戍建置較多，鎮將輒得兼理民務，若州刺史然。明帝之後，州郡漸多，刺史郡守遂較重要。魏人分州郡縣各為上中下三等，亦置刺史、太守、令、長，惟魏人地方行政之制度頗異疇昔，諸州各置刺史三人，宗室一人，異姓二人，郡守、縣令亦如之，實奇制也。魏人亦行封建制度，惟所封者僅王、公、侯、子四級，王食大郡，公食小郡，而侯、子則分食大小縣。

　　南北朝時州郡縣之濫置，固不僅江左而已，元魏而後亦多增建。魏太和中有州僅三十八，然魏收著〈地形志〉已載百一十三州。高齊篡東魏後，得州八十（此據收《志》所載未淪陷諸州而言），《隋書·地理志》謂「天保之

末總加併省」。然國滅之時猶有九十七州，併省者固如斯乎？

　　自元魏盛置刺史、守、令之後，齊、周多因其制，然區劃既小，設官又多，上有刺史，下有令長，太守漸成閒員，故隋室繼統，遂廢三級之制而行二級制矣。

第十六章
隋代疆域概述

第十六章　隋代疆域概述

第一節　隋代疆域之區劃及其制度

　　宇文周自滅高齊之後，統一北方，未久即為楊堅篡奪，於是復成隋、陳南北對峙之局。惟隋氏承周、齊之後，疆土廣大，陳人則據江南一隅，地小民弱，及北兵下採石，渡京口，南朝之局面遂告終結，而宇內復歸於一統。

　　南北朝末葉，州郡建置日益紛繁，遂至有官無土，有牧守而無人民。隋文即位，懲其積弊，乃於開皇三年悉省諸郡，以縣邑直隸於州。自東漢季年，改刺史為州牧後，地方之區劃相沿為三級之制度，至是乃變為二級制，故隋文之時，實中國疆域沿革史上之一重要階段也。開皇九年平陳之後，因併省廢江南諸州，而南北之制度相同矣。煬帝大業三年改州稱郡，以郡統縣，與嬴秦之制度頗相類似，惟大業改革僅稍易其名稱而已，於制度之更易，疆域之變遷無與也。

　　煬帝既更州為郡，復仿漢武故事於郡上置司隸、刺史若干人分部巡視，掌六條以監察官吏之良否，不治民事。《隋書‧百官志》：「司隸臺大夫一人，掌諸巡察；別駕二人，分察畿內……刺史十四人，巡查畿外諸郡。」司隸、刺史合共十五員，豈其時分部為十五乎？

　　唐人所修之《隋書‧地理志》依〈禹貢〉九州分述其時郡縣，一若隋人復行九州之制者，然檢諸《隋書》紀傳，殊不能得其證據，此蓋與杜佑之《通典》述唐制而以九州區分者同一意義，與當時之制度無關也。《隋書》既依九州敘述，其時之分部遂無由詳知矣。今因《隋志》所載州郡，列表於下，以見其時封疆之概況，九州之名稱亦因《隋志》之舊，閱者幸勿視為當時實際之政治區劃可耳。

　　雍州：京兆、馮翊、扶風、安定、北地、上郡、雕陰、延安、弘化、平涼、朔方、鹽川、靈武、榆林、五原、天水、隴西、金城、枹罕、澆河、西平、武威、張掖、敦煌、鄯善、且末、西海、河源二十八郡。

梁州：漢川、西城、房陵、清化、通川、宕渠、漢陽、臨洮、宕昌、武都、同昌、河池、順政、義城、平武、汶山、普安、金山、新城、巴西、遂寧、涪陵、巴郡、巴東、蜀郡、臨邛、眉山、隆山、資陽、瀘川、犍為、越巂、牂牁、黔安三十四郡。

豫州：河南、滎陽、梁郡、譙郡、濟陰、襄城、潁川、汝南、淮陽、汝陰、上洛、弘農、淅陽、南陽、淯陽、淮安十六郡。

兗州：東郡、東平、濟北、武陽、渤海、平原六郡。

冀州：信都、清河、魏郡、汲郡、河內、長平、上黨、河東、絳郡、文成、臨汾、龍泉、西河、離石、雁門、馬邑、定襄、樓煩、太原、襄國、武安、趙郡、恆山、博陵、河間、涿郡、上谷、漁陽、北平、安樂、遼西三十一郡。

青州：北海、齊郡、東萊、高密四郡。

徐州：彭城、魯郡、琅邪、東海、下邳五郡。

揚州：江都、鐘離、淮南、弋陽、蘄春、廬江、同安、歷陽、丹陽、宣城、毗陵、吳郡、會稽、餘杭、新安、東陽、永嘉、建安、遂安、鄱陽、臨川、廬陵、南康、宜春、豫章、南海、龍川、義安、高涼、信安、永熙、蒼梧、始安、永平、鬱林、合浦、珠崖、寧越、交趾、九真、日南、比景、海陰、林邑四十四郡。

荊州：南郡、夷陵、竟陵、沔陽、沅陵、武陵、清江、襄陽、舂陵、漢東、安陸、永安、義陽、九江、江夏、澧陽、巴陵、長沙、衡山、桂陽、零陵、熙平二十二郡。

宇文周之末葉計有州二百一十一，郡五百八，縣一千一百二十四（見《隋書・地理志・序》）。隋文平陳，又得州三十，郡一百，縣四百（《隋書・高祖紀》），是隋初共有州二百四十一，郡六百八，縣一千五百二十四。然《隋

書・地理志》載大業季年之郡縣，僅得郡一百九十，縣一千二百五十五，是減省已多矣。南北朝以來濫置州郡之情形，至此遂得告一段落焉。

隋代初都長安，煬帝大業初年營洛陽為東京，尋復稱東都。開皇之初，置牧於雍州，設尹於京兆郡，以其為帝都之所在也。煬帝既建東都，而河南郡亦置尹，比於京兆；兩都輦下之大興、長安、河南、洛陽四縣令，其品級亦異於常縣，以示略有區別也。隋文初即位，州、郡、縣各因舊制分為上中下九等，各以刺史、太守、縣令治其事，及廢郡留州，太守亦因之而廢矣。開皇十四年復改九等州縣為上、中、中下、下四等，已稍簡於開國之時。煬帝改制，廢州置郡，而刺史復改為太守，州縣亦由四等而為上中下三級矣。

自東晉以後，南北分裂，兵戈交爭，多在江、淮之間，域外之開擴殆無聞焉。南朝日日欲復中原故土，終未完成其志，故土尚不能光復，域外之建樹更無論矣。元魏初尚北擊蠕蠕，耀武朔方，及東西對立，亦無暇外向矣。至隋煬之時，南北已歸一統，帝亦好大喜功，故大業初年，南征林邑，取其地為蕩、農、沖三州，更西擊吐谷渾，復置鄯善、且末、西海、河源四郡。《隋書・地理志》謂其時東南皆至於海，西至且末，北至五原，隋氏之盛極於此矣。惜煬帝黷武過甚，不顧民力，卒至高麗之師未旋，叛逆之軍已起，國滅身亡，誠可慨也。

第二節　運河

吾人今日披閱地圖，尚能見巨河蜿蜒，自南徂北，橫貫中國東部。海通以前，固南北交通之捷徑也。運河之開鑿，遠起於春秋之時，吳王夫差將北伐齊，以爭霸於中原，乃鑿邗溝（亦稱韓江，或曰邗溟溝）以通江、淮，謀運輸之便利。其水自廣陵東南之邗城，引江東北通射陽湖，復西北至末口入於淮，是為運河之創始。自後開河運輸之事，數見不鮮，西漢關中之漕渠，

東漢河南之陽渠，皆其著者。然其工程多限一地，其利益復僅溥於一時，若大規模之開鑿，則在於隋代。隋代以洛陽為中心，西達關中，南至餘杭，北迄涿郡，費全國之力始告成功，後人所豔稱之隋煬帝開運河，即謂此也。

運河之工程雖以煬帝時為最巨，然隋代鑿河之發軔則不自煬帝始也。文帝建都關中，憫漕運之維艱，乃於開皇四年，使宇文愷尋漢漕渠之舊跡，率工開鑿，引渭水自大興城東至潼關三百餘里，是為廣通渠（後改為永通渠）。蓋以渭川水力大小無常，流淺沙深，動致阻隔也。此渠開後，轉運便利，關內賴之。開皇七年，又於揚州開山陽瀆以通運漕，蓋是時方經營江南，舉師伐陳，開鑿此瀆正以便利軍運也。

煬帝繼位，好大喜功，既耀兵四夷，復力求建設，於是躡文帝故事，大鑿運河，其所成就者為通濟渠、邗溝、江南河及永濟渠是也。煬帝大業元年即詔開通濟渠，大發河南諸郡男女百餘萬，自西苑引穀、洛水入於河，西苑即煬帝常遊幸娛樂之處，渠之所以始於此者，為遠遊時便利計耳。渠過洛陽城東南，復東流徑偃師縣南，東至鞏縣之洛口入於河。此段渠身蓋循東漢張純所開陽渠之故道而作也。自洛口東行即利用黃河水勢。又東至氾水之板渚，引河水東南流，因古鴻溝、汴渠故跡，過大梁，東入泗，而合於淮。自洛陽西苑至此，即所謂通濟渠是也。浮淮而下，至文帝所開之山陽瀆，折而南流，復利用吳王之故河，南達於江。江、淮之間，即因舊名而稱之曰邗溝。大業六年，煬帝欲巡會稽，乃敕開江南河，自京口至餘杭八百餘里，此段運河直至今日猶為蘇、杭諸地交通之途徑也。

由通濟渠入邗溝，再入江南河，乃東南交通之幹脈。其至東北之工程則為永濟渠。永濟渠之開鑿，乃大業四年事，其時方遠征高麗，故有開此渠之議。《隋書‧煬帝紀》所謂發河北諸郡男女百餘萬，開永濟渠，引沁水南達於河，北通涿郡是也。此渠工程似較河南諸渠尤為繁難，蓋河北諸郡之男女

多參與斯役也。吾人試思諸大運河之成功,不過數年間之事耳,南北縱橫乃至數千里,宜其騷動天下矣。此渠起於沁水,導沁水入衛河,循衛河過清河而至於涿郡。隋人之涿郡理薊,其故址在今北平附近,此河由今河南沁陽直達北平附近,其間數千里,工程之大殊可驚人。

隋代所鑿運河,雖蜿蜒數千里,然至今大半已漸湮沒。蓋運河之用多為漕運,故歷代鑿河多以京師為中心,西漢漕渠、隋文廣通,皆為此也。煬帝東都河南,而各渠即以洛陽為出發點。及唐都長安,關中粟米多仰給於東南,水路轉運,朝野咸重,故隋文廣通盛被利用。宋徙汴京,關中水利遂漸失修。元、明、清諸代舍關中、汴、洛而都燕京,於是政治中心由西北中原而移於幽、薊,幽、薊之粟米亦惟東南是資,故元、明運河漕轉,亦為二代要政,然其所修者與隋運河異途矣。吾人今日所稱運河,即指元、明以後而言也。今運河自北平直至浙東,約分八段:

通惠河(北平至通縣);

北運河(通縣至天津);

南運河(天津至臨清);

山東運河(臨清至邳縣);

中運河(邳縣至淮陰);

淮南運河(淮陰至江都);

江南運河(鎮江至杭縣);

浙東運河(杭縣至剡溪)。

今運河八段之中,僅中運河及淮南、江南三段尚依稀能見隋氏之遺跡,其他各渠殆無聞矣。

運河之工程其艱鉅與長城相似,其在當時糜金錢,苦人民,而歷代修葺改築尤大費經營,秦皇、煬帝且因此而亡其國家,然時過境遷已漸失其效用,而徒留供後人之憑弔,可慨也夫!

第十七章

唐代疆域概述

第十七章　唐代疆域概述

第一節　唐代疆域之區劃及其制度

隋季天下大亂，群盜四起，唐高祖舉兵太原，西定關中，疆域之制度仍因隋氏舊制，僅改郡為州而已。惟其時群雄並起，各不相下，納地來歸者往往因其所盤據之處，割置州縣，於是州縣之數較之隋季已增數倍。太宗貞觀初年，天下大定，乃力加省併，復因山川形勢之便，分國內為十道：

　　關內　河南　河東　河北　山南　隴右　淮南　江南

　　劍南　嶺南

道名之創立實中國疆域史上之一新名稱也。

吾人若非健忘，當尚能憶及漢武帝後之虛三級制度。漢武之制度乃以郡統縣，復以州刺史司監察諸州之責；自經南北朝之紛亂，州郡之地位與區劃漸無差別，故隋、唐兩代州郡名稱遂能互相更易，昔日監察太守或統轄諸郡之州刺史，至此已直轄縣令矣。太宗因別於諸州上置十道，十道即漢十三州之變形也。此種道之建置，多因於自然地理之形勢，究其最初之意義亦不過地理上之劃分，實非行政上之具體區域也。

玄宗開元二十一年，疆域區劃又經一度新改置，由十道變而為十五道，十五道者，山南、江南各分為東西二道，復增置京畿、都畿及黔中三道也。經此次改置，諸道境漸成定制，今述其所轄府州於下（府之建置見另節）：

京畿道　轄府二：京兆、鳳翔；州四：華、同、商、邠。

關內道　轄都護府二：單于、安北；州二十四：隴、涇、原、渭、武、寧、慶、鄜、坊、丹、延、靈、威、雄、警、會、鹽、夏、綏、銀、宥、麟、勝、豐。

都畿道　轄府一：河南；州一：汝。

河南道　轄州二十八：陝、虢、滑、鄭、潁、許、陳、蔡、汴、宋、亳、徐、泗、濠、宿、鄆、齊、曹、濮、青、淄、登、萊、棣、兗、海、

沂、密。

河東道　轄府二：河中、太原；州十九：晉、絳、慈、隰、汾、沁、遼、嵐、憲、石、忻、代、雲、朔、蔚、武、新、潞、澤。

河北道　轄都護府一：安東；州二十九：孟、懷、魏、博、相、衛、貝、澶、邢、洺、惠、鎮、冀、深、趙、滄、景、德、定、易、幽、涿、瀛、莫、平、媯、檀、薊、營。

山南東道　轄府一：江陵；州十七：峽、歸、夔（音：ㄎㄨㄟˊ）、澧、朗、忠、涪、萬、襄、泌、隋、鄧、均、房、復、郢、金。

山南西道　轄府一：興元；州十六：洋、利、鳳、興、成、文、扶、集、壁、巴、蓬、通、開、閬（音：ㄌㄤˋ）、果、渠。

隴右道　轄都護府二：北庭、安西；州十九：秦、河、渭、鄯、蘭、臨、階、洮、岷、廓、疊、宕、涼、沙、瓜、甘、肅、伊、西。

淮南道　轄州十二：揚、楚、滁、和、壽、廬、舒、光、蘄、安、黃、申。

江南東道　轄州十九：潤、昇、常、蘇、湖、杭、睦、越、明、衢、處、婺、溫、臺、福、建、泉、汀、漳。

江南西道　轄州十九：宣、歙、池、洪、江、鄂、岳、饒、虔、吉、袁、信、撫、潭、衡、永、道、郴、邵。

黔中道　轄州十三：黔、辰、錦、施、敘、獎、夷、播、思、費、南、溪、溱。

劍南道　轄府一：成都；都護府一：保寧；州三十八：彭、蜀、漢、嘉、眉、邛、簡、資、巂、雅、黎、茂、翼、維、戎、姚、松、當、悉、靜、柘、恭、保、真、霸、乾、梓、遂、綿、劍、合、龍、普、渝、陵、榮、昌、瀘。

第十七章　唐代疆域概述

嶺南道　轄都護府一：安南；州七十三：廣、韶、循、潮、康、瀧、端、新、封、潘、春、勤、羅、辯、高、恩、雷、崖、瓊、振、儋、萬安、邕、澄、賓、橫、潯、巒、欽、貴、龔、象、藤、岩、宜、瀼、籠、田、環、桂、梧、賀、連、柳、富、昭、蒙、嚴、融、思唐、古、容、牢、白、順、繡、鬱林、黨、竇、禺、廉、義、陸、峰、愛、驩、長、福祿、湯、芝、武莪、演、武安（從《新唐書‧地理志》）。

唐初承受隋氏之郡計百九十，而縣亦有一千二百五十五。高祖迭事建置，為數殊多。貞觀初年，雖盛有省併，仍遠過於隋代，十三年定簿，共得州府三百五十八，縣一千五百五十一；其明年平高昌，復得州二縣六。此後時有增損，開元末年，國內郡（州）府凡三百二十八，縣千五百七十三，而因降附諸夷所置之羈縻州縣，尚不在其數，可謂盛矣。

高祖於關中受禪，即以長安為京師，建都於其地。高宗營洛陽為東都，與隋氏同制。武后執政，以洛陽為神都，自長安遷居之，又於太原置北都，因有三都之號。中宗復辟，神都又稱東都，重返居於長安，並北都亦廢之，仍兩都之舊。玄宗之時，再復北都，而河中府亦一度有中都之目。肅宗至德二年，立五京之號，五京者：中京長安，東京洛陽，北京太原，西京鳳翔，南京成都。上元初，移南京於江陵；次年即罷四京之號，專以長安為都。肅宗元年，再復五都，五都即上元初之五京也。既而又罷西南二都，寖成定制。

論唐代疆域者，每稱開元之時為極盛，《舊唐書‧地理志》所言「東至安東府，西至安西府，南至日南郡，北至單于府」，較諸漢武之時抑已過矣。然此僅就國內而言，若羈縻州縣之設立，尤屬廣泛，自高麗以至於波斯，無往無唐官吏之足跡，其疆域之廣大，自古以來所未嘗有也。

第二節　府制之確立及其種類

　　唐初於全國疆域分置十道而外，復於各形勢重要之地別立諸府，道與府皆中國疆域史上之新制度也。唐代諸府可分三種，沿邊各地則有都護府，國內要區則設都督府，諸京都所在則置府尹，名稱相似，實則各有不同，請分述之。

　　唐代最早之府，當推總管府，總管府即都督府之前身也。其濫觴遠始於曹魏，魏黃初中置都督諸州軍事之官，其初專理軍政，與民事無關也。晉初始兼刺史，南北朝以下漸成定制，刺史必帶開府，單車刺史遂不為世人所重。北周改都督為總管，即唐制之所因。武德七年改稱都督，始成定制。《續通典·職官》謂「都督掌督諸州兵馬、甲械、城隍、鎮戍、糧廩，總判府事」（卷三十六），是仍兼理軍民，與南北朝時無殊也。都督除轄其所在之州外，兼轄其鄰近各州，其所在之州因稱曰都督府，他州皆號支郡。武德中著令，凡轄十州以上者稱大都督府，其時國內稱大都督府者凡五，洺、荊、並、幽、交五州是也。武德貞觀之時，都督府之建置頗多，《括地志》稱「貞觀十三年，凡天下有都督府四十一，分統天下州縣，唯近畿九州無所隸」（《初學記》引）。是亦一時之重要制度也。

　　景雲初，併省諸都督府，共得大、中、下都督府二十有四：

大都督府　揚、益、並、荊四州。

中都督府　汴、兗、魏、冀、蒲、綿、秦、洪、潤、越十州。

下都督府　齊、鄜、涇、襄、安、潭、遂、通、梁、夔十州。

　　此二十四都督府分轄國內諸州，惟畿內諸州不隸焉。都督司糾察所管州刺史以下官人善惡，其職比漢十三州部刺史，而權威則遠過之，故不久即以權重而廢。

　　太極之初，復以並、益、荊、揚為大都督府。開元十七年，增潞州而為

五。其時制定上、中、下之等第，域內共有都督府四十：

上都督府　潞、益、並、荆、揚五州。

中都督府　涼、秦、靈、延、代、兗、梁、安、越、洪、潭、桂、廣、戎、福十五州。

下都督府　夏、原、慶、豐、勝、榮、松、洮、鄯、西、雅、瀘、茂、巂、姚、夔、黔、辰、容、邕二十州。

其後復時有制置，雖未即成定規，然其時域內形勢略可概見矣。

唐初開拓疆土，於邊地設立都護府以統蠻夷。都護之名遠始於西漢，西域都護即唐制之所因者。自太宗平高昌後，設置安西都護府，是為建立都護府之嚆矢。其後漸次增置，至中宗時共得六都護府，西有安西、北庭，東有安東，北有安北、單于，南有安南，其建置情形略述如下：

安西都護府　貞觀十四年平高昌，置安西都護府，咸亨元年陷於吐蕃。長壽二年收復，至德初一度更名鎮西，貞元三年陷於吐蕃。

安北都護府　貞觀二十一年置燕然都護府，龍朔三年改名瀚海都護府，總章二年改名安北都護府。

單于都護府　龍朔三年置雲中都護府，麟德元年改名單于都護府。

安東都護府　總章元年平遼東，置安東都護府，聖曆元年更名安東都督府，神龍元年復故，至德後廢。

安南都護府　調露元年改交州都督府為安南都護府，至德二載曰鎮南都護府，大曆三年復為安南都護府。

北庭都護府　長安二年置北庭都護府，貞元六年陷吐蕃（《新志》關內道別有鎮北都護府，劍南道有保寧都護府，不在六都護府之列）。

開元後於諸京都皆置府，以示不同於常州，其後駐蹕之地亦升為府，終唐之世，計有府十：

京兆府（本雍州）　興德府（本華州）　鳳翔府（本岐州）　河南府（本洛州）　興唐府（本陝州）　河中府（本蒲州）　太原府（本並州）　江陵府（本荊州）　興元府（本梁州）　成都府（本益州）

此類府之建置，遂為後世諸代疆域史上之重要制度。吾人今日每稱前清之某某府，其肇始蓋基於此。

《新唐書・地理志》於敘述每州沿革後，必曰有府若干，且或舉其名稱，然此乃唐代府兵駐在地，與疆域無關，故略而不論。

第三節　節度使區域之建置

武德初年，因隋舊制置總管之官，既而諸州總管每加號使持節，其制蓋如魏、晉之使持節都督諸州軍事焉。永徽以後，凡都督帶使持節者始稱節度使，未帶者不稱之，節度使之名稱昉始於此。然此僅諸鎮官銜之名稱，非有地域之限制也。景雲二年以涼州都督充河西節度使，而節度之號始成定稱矣。

景雲之後漸次增置，至開元天寶之間已有十節度使之號：

河西節度使治涼州，以隔斷羌、胡。

范陽節度使治幽州，臨制奚、契丹。

隴右節度使治鄯州，以備羌、戎。

劍南節度使治成都府，西抗吐蕃，南撫蠻獠。

安西節度使治龜茲，撫寧西域，統龜茲、焉耆、于闐、疏勒四國。

朔方節度使治靈州，捍禦北狄。

河東節度使治太原府，掎角朔方，以禦北狄。

北庭節度使治北庭都護府，防制突騎施、堅昆、斬啜。

平盧節度使治營州，鎮撫室韋、靺鞨。

第十七章　唐代疆域概述

嶺南五府經略使治廣州，綏靜夷獠（嶺南自至德二載賀蘭進明為使，始兼節度之號）。

統觀十節度使設置之地位及其所掌之職務，可知創立此種制度之用意純在防制異民族之反側，然此僅為由東北至西南陸上之設置，東南二方海上別有守捉、經略之吏以司其事：

東萊守捉使，萊州刺史領之。

東牟守捉使，登州刺史領之。

長樂經略使，福州刺史領之。

節度經略守捉諸使之名稱雖各有不同，然其設置之用意固無異也。更進而言之，節度、經略等使之建立，其動機純為軍事之計畫，其設置之地亦非疆域內，與都督府之轄州者略有不同，唐代疆域之開拓，節度使之建置實與有力焉。

自節度使建置之後，政府雖能稍得其力，而其軍權過重，漸有尾大不掉之勢。天寶末，安祿山遂以范陽節度興兵南下，國內大亂，幾至不可收拾。自中原亂離，政府為獎勵出征戰士，懷柔反正降將，每皆錫以節度之號，於是向日施於邊庭之制度轉而濫用於疆域內，故《舊唐書‧地理志》云：「至德之後，中原用兵，刺史皆治軍戎，遂有防禦團練制置之名，要衝大郡皆有節度之類，寇盜稍息，則易以觀察之號。」節度使之增加自為意中之事。此類武夫戰將據土地，攘使號，大者連州十數，小者亦兼三四，除授轉讓類皆不請命於中央，而境內置官行政尤多一任己意，故其初雖為邊關軍事制度，至是已實際成為疆域內之行政區域。唐初諸道之分割僅存其名稱而已。

安、史亂後，節度使之濫置其數日益增多，《舊唐書‧地理志》載至德、上元間諸節度使已有四十四，李吉甫記元和疆域共得四十七鎮，今略敘元和諸使於下：

關內道　鳳翔節度使（治鳳翔府）、涇原節度使（治涇州）、邠寧節度使（治邠州）、鄜坊節度使（治鄜州）、靈武節度使（治靈州）、夏綏銀節度使（治夏州）、振武節度使（治單于府）、豐州都防禦使（治豐州）。

　　河南道　陝虢觀察使（治陝州）、汴宋節度使（治汴州）、鄭滑節度使（治滑州）、陳許節度使（治許州）、徐泗節度使（治徐州）、蔡州節度使（治蔡州）、淄青節度使（治鄆州）。

　　河東道　河中節度使（治河中府）、河東節度使（治太原府）、澤潞節度使（治潞州）。

　　河北道　河陽三城懷州節度使（治懷州）、魏博節度使（治魏州）、恆冀節度使（治恆州）、易定節度使（治定州）、滄景節度使（治滄州）、幽州節度使（治幽州）、盧龍節度使（治幽州）。

　　山南道　襄陽節度使（治襄州）、荊南節度使（治荊州）、山南西道節度使（治興元府）。

　　淮南道　淮南節度使（治揚州）。

　　江南道　浙西觀察使（治潤州）、浙東觀察使（治越州）、鄂岳觀察使（治鄂州）、江南西道觀察使（治洪州）、宣歙觀察使（治宣州）、湖南觀察使（治潭州）、福建觀察使（治福州）、黔州觀察使（治黔州）。

　　劍南道　西川節度使（治成都府）、東川節度使（治梓州）。

　　嶺南道　嶺南節度使（治廣州）、容管經略使（治容州）、桂管經略使（治桂州）、邕管經略使（治邕州）、安南都護府（治交州）。

　　隴右道　隴右節度使（原治鄯州，寄治鳳翔府普潤）、河西節度使（原治甘州，寄治沙州）、安西四鎮北庭節度使（原治龜茲，寄治涇州由涇原節度兼領，元和時隴右久陷吐蕃，故寄治疆域內）。（參據《方鎮年表》。）

　　其後分割寖多，建置益雜，武夫猛將竊據一方，襲使之號；及其勢衰力

弱，為他人所分奪，則其區劃名號又隨之變更，故《舊唐書‧地理志》云：「乾符之後，天下亂離，禮樂征伐，不自朝廷，禹跡九州瓜分釁剖，或併或析，不可備書」，殆實錄也。

第四節　唐代地方行政制度

唐代以諸道為最高之地方區域，考其設置之初意，蓋欲仿漢刺史部之制度以監察州郡也。司諸道之事者，最初當為巡察使，初期之使不常置，皆屬臨時派遣之性質，故亦無定員。貞觀八年，遣十七道巡察使，二十年又遣大理卿孫伏伽等二十二人以六條巡察四方，皆此類也。其所巡察之地方，亦不以十道為限，故有十七道等之名稱也。天授時又稱存撫使，景龍時復號按察使，蓋因時制宜，固無牢守舊規之必要也。開元中，復置諸道採訪處，置使以察舉善惡。後復有宣撫、觀察之號，大抵名稱雖易，其性質則仍相似也。

諸京及諸府皆置尹以治其事，諸州皆置刺史（天寶、乾元之間，嘗一度改州稱郡，刺史亦更為太守）以轄州事，諸州因地位之重要與否而有高下之分，近京師之地，列等最高，稱為四輔，其次復有六雄、十望、十緊之號：

四輔　華、同、岐、蒲四州；

六雄　鄭、陝、汴、絳、懷、魏六州；

十望　宋、亳、滑、許、汝、晉、洺、虢、衛、相十州；

十緊　秦、延、涇、邠、隴、汾、隰、慈、唐、鄧十州（中葉以後升緊望者甚多，此僅舉初期而言）。

其餘因人口之多寡而有上、中、下之別，《唐會要》七十載開元時敕云：「太平時久，戶口日殷，宜以四萬戶以上為上州，二萬五千戶為中州，不滿二萬戶為下州，其六雄、十望州、三輔等，及別敕同上州都督及畿內州並同上州，緣邊州三萬戶已上為上州，二萬戶為中州，其親王任中州下州刺史

者亦為上州，王去任後，仍舊。」刺史品位之高低亦因諸州等級不同而有差別焉。

　　諸縣置縣令。縣之等級亦有高低之差別，開元時曾令「六千戶以上為上縣，三千戶以上為中縣，不滿三千戶為中下縣。其赤畿望緊等縣不限戶數併為上縣，去京五百里內併緣邊州縣戶五千已上亦為上縣，二千已上為中縣，一千已上為中下縣」。

　　他若都督都護節度使諸官，已略見上文，不贅述矣。

第五節　唐代疆域之擴張及羈縻州縣之建置

　　自五胡亂起，漢族迭被壓迫，華夏舊壤岌岌不能瓦全，歷東晉、南北朝諸代，渡江之人士保守一方，固不得發展，而留居北土者尤橫遭蹂躪，其間二百餘年實為漢族受他族壓迫最烈之時代也。隋室統一之後，煬帝雖有開擴之心，然其功竟不就；直至唐初，漢民族始能揚眉吐氣，一洗向日之恥辱焉！

　　唐初倡義晉陽，嘗受突厥助援，其人每恃功驕踞，小有不遂，輒為邊患。太宗力事征討，遂於貞觀四年擒其頡利可汗，分其地為六州，置定襄、雲中二都督府以統之。頡利既虜，其別部車鼻可汗繼起，永徽初，高侃遠征，遂追執車鼻，而分其地為狼山、桑乾、金微、新黎等十都督府及蘇龍、仙萼等二十二州，悉部於單于、瀚海二都護府，即以其降酋為都督刺史，分統其眾。武后以降，叛服不常，開元時遂盡平之。

　　貞觀十四年，高昌不庭，乃平其地為安西都護府。及西突厥葉護阿史那賀魯率眾內附，因使居安西諸地。高宗初，賀魯以府叛；顯慶二年，蘇定方率大軍西征，擒賀魯歸京師，遂盡定其地，乃分置濛池、崑陵二都護府，並析其部落為匐廷、嗢（音：ㄨㄚˋ）鹿、絜山、鹽泊、雙河、鷹娑諸都督府，而其役屬諸胡國，亦皆分置州縣。龍朔元年，西域諸國遣使內屬，乃使

第十七章　唐代疆域概述

王名遠為吐火羅道置州縣使，於是自于闐以西，波斯以東凡十六國，以其王都為都督府，其國土各分置州縣，建都督府十六，州八十，縣一百一十，軍府一百二十六。十六都督府者：月氏（吐火羅國置）、大汗（嚈噠（音：一ㄝˋ ㄉㄚˊ）部落置）、條枝（訶達羅支國置）、天馬（解蘇國置）、高附（骨咄施國置）、修鮮（罽（音：ㄐ一ˋ）賓國置）、寫鳳（失范延國置）、悅般州（石汗那國置）、奇沙州（護特犍國置）、姑默州（怛沒國置）、旅獒州（烏拉喝國置）、昆墟州（多勒建國置）、至拔州（俱密國置）、烏飛州（護密多國置）、王庭州（久越得建國置）、波斯（波斯國置）也。名遠更於吐火羅立碑紀功，唐之西陲遂遠抵於今波斯矣。

塞北自突厥、頡利滅後，薛延陀、回紇等崛起。貞觀中，遣李勣北討，盡滅薛延陀；而回紇、鐵勒等部遂相率來歸，請置唐官，太宗乃於其地分置瀚海、燕然、金微、幽陵、龜林、盧山六都督府，皋蘭等七州，而以其酋長為都督、刺史；復於突厥、回紇之間，廣置郵驛，開闢「參天可汗道」，以為入貢之路。天可汗者，西北諸番所上太宗之尊號也。故太宗賜諸蕃璽書，皆稱皇帝天可汗，諸番建立君長，亦必待天可汗冊封，唐室實際已為諸族之宗主國矣。

高麗遠處遼東塞外，久不內附，隋煬帝累加征討，不惟未能平復，且因遠征而引起國內之騷擾。太宗時，嘗大舉出師，亦未底定。至總章初，李勣東征，始夷其地，分置新城、遼城、哥勿、衛樂、舍利、居素、越喜、去旦、建安等九州都督府，及四十二州，百縣，復於平壤城置安東都護府以統之。東邊自此大定。

唐自武德、貞觀之時，國威大振，四夷賓服；高宗而後，遠征之師猶時出沒於異域之地。自波斯以至東海，其間立國蓋亦數十，或畏威來歸，或用兵征服，莫不稱臣納貢，唐室因就此諸族之故地，建置都督府及州縣以治理

之，此類府州總稱之曰羈縻州。羈縻州者，雖有州縣之名稱，而刺史、縣令皆以其酋長渠魁為之，其內部之行政中央殆少加以過問，後世之土司制度彷彿似之。吾人略推究此等羈縻州之名稱屬隸，即可略見唐人對外疆土擴張之情形，固無容瑣瑣言其征伐降附之故事也。

關內道

　　夏州都督府　轄突厥州四，府一；回紇州五，府四；吐谷渾州一；

　　單于都護府　轄突厥州十二，府三；

　　安北都護府　轄突厥州三，府一；回紇州七，府五；

　　靈州都督府　轄回紇州六；党項州二十八，府十二；

　　慶州都督府　轄党項州二十三，府二；

　　延州都督府　轄吐谷渾州一。

河北道

　　幽州都督府　轄突厥州二；奚州九，府一；契丹州十七，府一；靺鞨（音：ㄇㄛˋㄏㄜˊ）州三，府三；降胡州一；

　　安東都督府　轄高麗降戶州十四，府九。

隴右道

　　涼州都督府　轄突厥州一，府一；回紇州三，府一；吐谷渾州一；

　　北庭都督府　轄突厥州二，府二十六；

　　秦州都督府　轄党項州一；

　　臨州都督府　轄党項州一；

　　松州都督府　轄党項州七十一，府一（別有二十四州未知所屬）；

　　安西都護府　轄四鎮都督府州三十四；河西內屬諸胡州十二，府二；西域州七十二，府十六。

　　劍南道

松州都督府　轄諸羌州四；

茂州都督府　轄諸羌州三十九；

嶲州都督府　轄諸羌州十六；

雅州都督府　轄諸羌州四十七；

黎州都督府　轄諸羌州五十二；

戎州都督府　轄諸蠻州六十四；

姚州都督府　轄諸蠻州十三；

瀘州都督府　轄諸蠻州十四。

江南道

黔州都督府　轄諸蠻州五十一。

嶺南道

桂州都督府　轄諸蠻州七；

邕州都督府　轄諸蠻州二十六；

安南都護府　轄諸蠻州四十一；

峰州都護府　轄蜀爨蠻州十八。

　　天寶末葉，安祿山反於范陽，直犯京畿，玄宗倉皇奔蜀，中原亂離，幾至不可收拾，邊庭堵蠻夷殆已無暇羈縻，守邊將士多被召還，降夷漸叛，貞觀顯慶之功棄矣！其時吐蕃、南詔等皆乘隙尋釁，隴西、劍南迭陷名城，故所謂羈縻州者僅略具其名稱於職方之臣而已。

　　吐蕃於貞觀、永徽之時，已頻窺邊境，唐室雖嘗遣兵遠征，惜多未克奏膚功。其後虜勢漸強，隴西、河西諸節度之建置，莫不因防禦吐蕃而設。及安、史亂起，西兵東還，邊圉不固，吐蕃因乘隙深入，於是鳳翔之西，邠州之北，盡為番戎之境矣。寶應之後，隴右盡沒，帝都長安亦嘗被其陷落，禍難益深。會昌而後，其國內稍亂離，始漸息兵革。咸通中，沙州張義潮

奉甘、瓜等州歸國，秦、渭諸州亦相繼收復，然唐室力弱，已不能再事開擴矣。

南詔處劍南塞外，高宗時嘗來朝入貢，其後邊臣苛擾，遂激叛離。天寶時，楊國忠執政，徵兵遠征，宇內騷然。安、史亂後，更深入劍南，陷安南府，後雖收復故地，而唐室已大困矣。

第十七章　唐代疆域概述

第十八章

五代割據時期疆域概述

第十八章　五代割據時期疆域概述

第一節　五代遞嬗期間中原疆域之演變

唐自中葉以後，藩鎮日強，割州據土者比比皆是，中央政府兵弱政衰，力不足以征服，亦遂聽其自然。及黃巢倡亂，而唐室益微，於是藩鎮愈強，擅命者亦日多矣。巢將有朱溫者，以同州來降，即使節度宣武，處於汴、宋之間，溫擁雄兵，據要地，因乘隙入執政柄，遂弒昭宗廢昭宣帝，稱帝於開封（梁都開封改洛陽為西都），而唐祚告終矣。溫雖稱帝號，而轄地不廣，力所及者僅六道而已。

關內道　雍、華、同、崇、商、邠、寧、慶、鄜、坊、丹、延、靈、鹽、夏、綏、銀、宥、衍諸州，岐、隴、涇、原、武諸州別隸李茂貞，府、麟二州屬晉（後唐）。

河南道　洛、汝、陝、虢、滑、鄭、潁、許、陳、蔡、汴、宋、亳、徐、宿、鄆、齊、曹、濮、青、淄、登、萊、棣、兗、沂、密、輝諸州，海、泗、濠諸州屬吳。

河東道　蒲、晉、絳諸州，慈、隰、並、汾、沁、遼、嵐、憲、石、忻、代、雲、朔、蔚、潞、澤、應諸州屬晉（後唐）。

河北道　孟、懷、魏、博、相、衛、貝、澶、邢、洺、惠、鎮、冀、深、趙、定、祁、易諸州，滄、景、德、幽、涿、瀛、莫、平、媯、檀、薊、營、儒、順、新、武諸州屬燕。

山南道　襄、泌、隨、鄧、均、房、復、郢諸州，峽、歸、夔、忠、涪、萬、金及舊山南西道諸州屬前蜀，澧、朗屬楚，荊屬南平。

淮南道　僅有安、申二州，揚、楚、滁、和、壽、廬、舒、光、蘄、黃諸州屬吳。

後梁勢力所及者僅此六道，猶多非全土，是時與梁並立者十國，南有吳、吳越、荊南、楚、閩、南漢，西有岐、前蜀，北有燕、唐（時稱晉），其

疆土「西至涇、渭，南逾江、漢，北據河，東濱海」（顧祖禹語）。所轄者僅七十八州而已。

後唐起自河東，東平燕人，取瀛、莫以北諸州，遂定幽、薊之地，復南下滅梁。初莊宗即位，以魏州為東都，號興唐府；以鎮州為北都，號真定府；太原為西都，及滅梁後，遷都洛陽，號為東都，因以長安為西都，太原改為北都，而魏州、鎮州如故。同光後，稱洛陽為興唐府，魏州別號鄴都；天成以後，廢鄴都，僅西北東三都存焉。其疆域較梁略廣，兼有九道之地：

關內道　得梁人故土，兼取岐李茂貞諸州。

河東道　取梁人蒲、晉、絳三州後，盡有全道。

河北道　滅梁後，盡有全道，後陷營、平二州於契丹。

山南道　得梁舊土；同光時，覆滅前蜀王氏，盡取巴、蜀諸地。其後孟知祥以兩川叛，歸、峽二州又為荊南取去，後唐所餘者金、鳳二州而已。

隴右道　破前蜀後，得秦、階諸州。

劍南道　破前蜀後，盡取其地，其後為孟知祥所據。

江南道　破前蜀得黔、施諸州，後入後蜀。

七道之外，河南、淮南二道則仍因梁人舊土，未有增損。唐自滅燕臣岐，破西蜀後，僅餘吳、吳越、南平（荊南）、楚、閩、南漢諸國，及孟知祥以蜀地稱王，與唐共為八國，其時「東際於海，南至淮、漢，西逾秦、隴，北盡燕、代，皆唐境也」（顧祖禹語）。共得州一百二十有三。

石晉亦起河東，藉契丹之力滅唐稱帝。依梁舊制，建都開封，仍稱洛陽為西京，而鄴都則改號廣晉府。席唐人舊土，疆域未增。晉既藉契丹助力，故稱帝后，即以幽、燕十六州為賂。十六州者：幽、涿、薊、檀、順、瀛、莫、朔、蔚、雲、應、新、媯（音：《ㄨㄟ）、儒、武、寰是也（此十六州之名，見《通鑑》及《遼史・太宗紀》，《遼史・地理志・總序》則黜瀛、莫而

進營、平，然營、平二州後唐時即為北人取去，當不能俟石晉始割也）。此十六州自石晉斷送之後，雖經周世宗取回瀛、莫二州，而其餘竟久淪異族。石氏共有百零九州，蓋於割十六州之外，又取蜀人之金州，別於關內道增建威州也。是時吳臣徐知誥（李昇）稱帝，改號南唐；與石氏並立者仍七國也。

石晉初藉契丹之力，以取天下，及得勢後又失和好，於是契丹乃屢侵邊境，後入開封執晉主而去。晉河東節度劉知遠乘隙取河南地，於開封稱帝，號曰漢。劉漢建都與石晉相同，惟鄴都改號大名耳。漢之疆土概因石氏之舊，惟後蜀孟氏侵取秦、鳳、成、階諸州，較前朝遂有遜色。朱梁之外，據中原者以劉漢疆域為最小，力所及者，僅百六州而已。晉末南唐已滅閩，故劉漢而外割據者尚有六國。

後周郭威初為劉漢天雄節度舉兵入汴，代漢稱帝，世宗及位，屢興兵戎，西伐後蜀，得秦、鳳、階、成諸州，復唐、晉二朝故土；南伐南唐，取江北各地，於是唐故河南、淮南二道全境皆入於周；北征契丹，奪歸瀛、莫二州，略洗石氏以來之恥辱。惟河東並、汾等十州入於北漢，略減雄聲耳。然其域內仍有州百一十八（《宋史·地理志·序》：「太祖受周禪，初有州百一十一，縣六百三十八。」）。五代之中，猶不失為大國也。廣順初南唐滅楚馬氏，盡徙其族於金陵，其地為周行逢所據，劉旻自立於太原，與周並治者仍七國也。

第二節　十國之割據與此期疆域之變遷

自唐室喪亂，五季迭興，相繼稱帝於汴、洛之間，而其統御之域，又皆不過中原一方；若江南、嶺南、劍南、河東各地，自唐末即為藩鎮所據，或攘地數州，或竊處一道，皆稱帝王以自娛，其間蓋有吳、南唐、前蜀、後蜀、南漢、楚、吳越、閩、南平、北漢等十國，其疆域之廣狹可得而論述焉。

國名	建都	屬道	轄州	備考
吳	江都	河南道	海、泗、濠	石晉天福二年為李昇所篡。本表所列諸州，概以歐《五代史·職方考》為準
		淮南道	揚、楚、滁、和、壽、廬、舒、光、蘄、黃、泰	
		江南道	潤、昇、常、宣、歙、池、洪、江、鄂、饒、虔、吉、袁、信、撫	
南唐	江寧	河南道	海、濠、泗	周顯德五年，江北地盡入於周，以江為界，南唐去帝號，稱江南國主；及宋開寶八年為宋所滅。〈職方考〉云：「自江以下二十一州為南唐。」蓋以周末為準。其泉、漳二州，為留從效所據，南唐僅羈縻之，後直降於宋。《宋史·地理志·序》稱「平江南，得州一十九軍三縣一百八」
		淮南道	與吳同	
		江南道	潤、昇、常、建、泉、劍、漳、汀、宣、歙、池、洪、江、鄂、饒、虔、吉、袁、信、撫、筠	
前蜀	成都	山南道	峽、歸、夔、忠、萬、涪、金、梁、洋、利、鳳、興、成、文、集、壁、巴、蓬、通、開、閬、果、渠	歐《五代史·職方考》前蜀凡有五十六州。然薛《舊五代史·唐莊宗紀》七則云：「同光三年，蜀平，得節度州十，郡六十四，縣二百四十九」，與歐《史》異
		隴右道	秦、階	
		江南道	黔、施	
		劍南道	益、彭、蜀、漢、嘉、眉、邛、簡、資、雅、黎、茂、維、戎、梓、遂、綿、劍、合、龍、普、渝、陵、榮、昌、瀘	

第十八章　五代割據時期疆域概述

國名	建都	屬道	轄州	備考
後蜀	成都	山南道	夔、忠、涪、萬、梁、洋、利、興、文、集、壁、巴、蓬、通、開、閬、果、渠	歐《五代史・職方考》載後蜀屬州四十九，〈序〉稱有四十六州。《宋史・地理志・序》：「乾德三年平蜀，得州府四十六縣一百九十八。」；《宋史・太祖紀》則作四十五州；《續資治通鑑長編》六、《玉海》十四、《通考・輿地考》皆同〈地理志〉。〈地理志〉無衡、潭、澧、通四州，別有達州
		江南道	江南、劍南二道皆與前蜀同	
		劍南道		
南漢	南海	江南道	郴（音：ィㄣ）	歐《五代史・職方考》南漢有州四十七（《考》誤載化州）。《宋史・地理志・序》：「平廣南，得州六十，縣二百一十四。」〈地理志〉無郴、瀧、恩諸州，而有潮、循、忍、恭、思唐、澄、貴、蠻、牢、黨、繡、禺、義、順、振、龍諸州
		嶺南道	廣、英、韶、雄、惠、連、康、瀧、端、新、封、潘、春、勤、羅、辨、高、恩、雷、崖、瓊、萬、安、邕、儋、賓、橫、潯、欽、象、藤、宜、桂、梧、賀、柳、富、昭、蒙、嚴、融、容、白、鬱、林、竇、廉、化	
楚	長沙	山南道	朗、澧。	歐《五代史・職方考》：「自湖南北十州為楚。」《宋史・地理志》：「平湖南，得州一十五，監一，縣六十六。」《志》多郴、全、獎、錦、溪五州。《宋史・太祖紀》作十四州
		江南道	岳、潭、衡、永、道、邵、辰、敍	
吳越	錢塘	江南道	蘇、秀、湖、杭、睦、越、明、衢、處、婺、溫、臺、福	《宋史・地理志》：「錢俶入朝，得州十三，軍一，縣八十六。」
閩	閩	江南道	建、福、泉、汀、漳	石晉開運二年，南唐滅閩，取其建、泉、汀、漳諸州，福州入於吳越

國名	建都	屬道	轄州	備考
南平	江陵	山南道	荊、峽、歸	《宋史·地理志》：「建隆四年，取荊南，得州府三，縣一十七。」
北漢	太原	關內道	麟	《宋史·地理志》：「太平興國十四年，平太原，得州十，軍一，縣四十。」《志》有隆州無麟州
		河東道	並、汾、沁、遼、嵐、憲、石、忻、代	

　　上表所列，乃史家所謂十國是也。然其時割據者河北尚有劉仁恭，關內有李茂貞。仁恭稱燕，茂貞號岐，傳國不久，皆為後唐所夷滅，故闕而不論焉。

　　自五季亂離，疆土割裂，日甚一日，而職方之臣疏於記述，故僅得其大較，詳情頗難備知。宋初平諸國，所得州縣戶口咸有記載，雖所述略有不同，亦可略知其疆域損益之概況。今請以《宋史·地理志》為據，〈志序〉言平滅諸國後所得州縣戶口云：

國名	州府	軍監	縣	戶
周	一一一		六三八	九六七、三五三
荊南（南平）	三		一七	一四二、三〇〇
湖南（楚）	一五	監一	六六	九七、三八八
蜀（後蜀）	四六		一九八	五三四、〇三九
廣南（漢）	六〇		二一四	一七〇、二六三
江南（南唐）	一九	軍三	一〇八	六五五、〇六五
陳洪進	二		一四	一五一、九七八
吳越	一三	軍一	八六	五五〇、六八四
北漢	一〇	軍一	四〇	三五、二二五
共計	二七九	軍五監一	一、三八一	三、三〇四、二九五

第十八章　五代割據時期疆域概述

　　吾人持此數與《新唐書・地理志》所載開元二十八年戶部之數字相較，其差殊驚人，蓋《新唐志》所言開元二十八年之時，「凡郡（州）府三百二十有八，縣千五百七十三，戶八百四十一萬二千八百七十一」也。吾人試推求此差異之原因，固不外國內兵爭不息，國外異族內侵也。國內長期之戰爭，致使人民塗炭，遂令戶口數字銳減。國外異族屢次內侵，而土地因之以陷失，其最著者，即石晉賂契丹以十六州也。又如唐代關內、隴右二道，轄地廣闊，遠至安西、北庭之地；五季之時，關內諸州已有喪失，而隴右內屬者僅秦、渭、階諸州而已。若劍南、松、當諸州已漸變為化外，疆土之損失如此之甚，國內兵爭如此之烈，毋怪州府戶口數字相差若斯之多也。

第十九章

宋代疆域概述

第十九章　宋代疆域概述

第一節　北宋之疆域區劃及其制度

宋太祖初受周禪，承五季之後，割據者尚多，太祖努力削平，巴、蜀、荊、湖、江南、廣南漸次內屬。太宗繼之，而陳洪進、錢俶等相繼獻地入朝，及平北漢，宇內乃復歸於一統，五十餘年之分裂局面，至此遂告一段落焉。

宋初力平群雄，疆域制置少有顧及，太宗平諸國後，乃因唐之舊道而略事改革，遂有十三道之名，十三道者：

　　河南　關西　河東　河北　劍南西　劍南東　江南東

　　江南西　淮南　山南西　山南東　隴右　嶺南

其區劃已與唐制異矣。自唐末亂離，藩鎮財賦多不上之中央，宋太祖懲其積弊，自乾德以後，乃創置諸道轉運使，以掌握地方之財賦。太平興國二年復盡除節度使所轄支郡，「自是而後，邊防、盜賊、刑訟、金穀按廉之任，皆委於轉運使，又節次以天下土地形勢，俾之分路而治矣。繼增轉運使判官，以京官為之，於是轉運使於一路之事無所不總」（《文獻通考》六十一〈職官考〉引呂祖謙語）。轉運使自此實際已成一道之長官矣。轉運使或轄水路或司陸路，路之名稱蓋始於此；及轉運使實際為地方大員，而路亦因之變為具體之行政區劃，遂取道之名稱而代之矣。

宋代因襲道之名稱，遠至淳化之時，《宋史‧職官志》：「淳化四年……又分天下為十道，曰：河南、河東、關西、劍南、淮南、江南東西、兩浙、廣南。」（《宋史》此處僅言九道，據《玉海》一八六尚關河北道）。此十道之制度次年即罷，故淳化五年為實際廢除道名之時也。然路成為具體之區劃實遠在太宗初年，太平興國四年有二十一路，七年又有十九路，端拱二年有十七路，淳化三年有十六路，其建置皆在淳化五年以前，是宋初「道」「路」二名並存，宋人之路制，蓋略似於唐道，非盡因舊制也。

　　宋初諸路，分合不一，至道三年始定天下為十五路，十五路之名見諸
《續資治通鑑長編》四二：

京東　　京西　河北　河東　陝西　　　淮南　　江南　　荊湖南

荊湖北　兩浙　福建　西川　陝（峽）　廣南東　廣南西

　　其後又屢經分析，至元豐末遂至二十三路，二十三路者，京東、河北、
淮南、江南各別為東西，京西分為南北，陝西析為永興、秦鳳，西川、峽改
為成都、梓州、利州、夔州也。吾人即依此二十三路之制度，列其時之詳細
區劃如下：

路名	屬府	屬州	屬軍	屬監
開封府（東京）				
京東東路		齊、青、密、沂、登、萊、濰、淄	淮陽	
京東西路	應天（南京）	兗、徐、曹、鄆、濟、單、濮		
京西南路		襄、鄧、隨、金、房、均、郢、唐		
京西北路	河南（西京）穎昌	鄭、滑、孟、蔡、陳、穎、汝	信陽	
河北東路	大名（北京）	澶、滄、冀、瀛、博、棣、莫、雄、霸、德、濱、恩	永靜、乾寧、信安、保定	
河北西路	真定	相、定、邢、懷、衛、洺、深、磁、祁、趙、保	安肅、永寧、廣信、順安	
河東路	太原	潞、晉、絳、澤、代、忻、汾、遼、憲、嵐、石、隰、麟、府、豐	威勝、平定、岢嵐、寧化、火山、保德	

第十九章　宋代疆域概述

路名	屬府	屬州	屬軍	屬監
永興軍路	京兆、河中	解、陝、商、同、華、耀、延、鄜、坊、慶、環、邠、寧、丹	保安	
秦鳳路	鳳翔	秦、隴、成、鳳、階、渭、涇、原、熙、河、岷、蘭	德順、鎮戎、通遠	
兩浙路		杭、越、蘇、潤、湖、婺、明、溫、臺、處、衢、睦、秀、常		
淮南東路		揚、亳、宿、楚、海、泰、泗、滁、真、通。		
淮南西路		壽、廬、蘄、和、舒、濠、光、黃	無為	
江南東路	江寧	宣、歙（音：ㄕㄜˋ）、池、江、饒、信、太平	廣德、南康	
江南西路		洪、虔、吉、袁、撫、筠	興國、南安、臨江、建昌	
荊湖北路	江陵	鄂、安、復、鼎、澧、峽、岳、歸、辰、沅、誠		
荊湖南路		潭、衡、道、永、郴、邵、全		桂陽
福建路		福、建、泉、南劍、漳、汀	邵武、興化	
成都府路	成都	眉、蜀、彭、綿、漢、嘉、邛、簡、黎、雅、茂、威		陵井

路名	屬府	屬州	屬軍	屬監
梓州路		梓、遂、果、資、普、昌、戎、瀘、合、榮、渠	懷安、廣安	富順
利州路	興元	利、洋、閬（音：ㄌㄤˋ）、劍、巴、文、興、蓬、龍		
夔州路		夔、黔、施、忠、萬、達、涪、渝、開	雲安、梁山、南平	大寧
廣南東路		廣、韶、循、潮、連、梅、南雄、英、賀、封、端、新、康、南恩、惠		
廣南西路		桂、容、邕、融、象、昭、梧、藤、龔、潯、柳、貴、宜、賓、橫、化、高、雷、欽、白、鬱林、廉、瓊	昌化、萬安、朱崖	

其時之疆域，「東南際海，西盡巴、僰，北極三關」（《宋史‧地理志》）。而全國共有府十四，州二百四十二，軍三十七，監四，縣一千二百三十五（《元豐九域志》）。

宋代路制除轉運司所轄之路外，尚有經略安撫司等所轄者，轉運司路即普通政治區劃也。若經略安撫司之路則專為軍事而設，非常制也，陝西六路（秦鳳、涇原、環慶、鄜延、永興軍、熙河）、河北四路（大名府、高陽關、真定府、定州）皆是也。其與政治區劃之關係無多，故略而不論。

五代之時，初行軍監制度，各軍監皆不轄縣而隸屬於州府。宋代則軍監有統縣者，亦有不統縣者，其統縣者隸於路，不統縣者則屬於府州。府州下統軍監諸縣，而上屬之於路；縣則除隸府州軍監之外，亦有直隸於京師者，利州之三原縣，蓋其一也。

第十九章　宋代疆域概述

宋初因後周之制，分建東西二京，東京開封府，西京河南府，而開封則為帝都所在；其後又分建南北二京，合為四京。北京大名府，乃五代時舊制；南京應天府，本稱宋州，太祖嘗為節度於此，乃興王之處，發祥之地，故亦建為陪都，以示不忘本也。

第二節　宋室南渡後之疆域

北宋數苦遼人侵略，乃聯金滅遼。遼亡而金轉盛，小有嫌猜，遂爾失和，金因大舉入寇，斡離不自燕山入河北，粘沒喝自雲中寇河東，宋之封疆大吏相率棄城遁歸，金人乃長驅而渡黃河。敵兵既壓境，廟堂之上和戰大計猶未確定，金人攻於外，而宋之君臣議於內，戰既不力，和亦不堅，守事亦不備，於是金人乃陷汴京，擄徽、欽北去。

汴京既破，高宗即帝位於南京，是時臣宰或勸返都，或勸幸關中，或乞趨襄、鄧，而黃潛善、汪伯彥則力主南遷。計議未定，金人復至，於是乃倉促渡江，金兵乘勢尾追，江南北皆為蹂躪，迨金人北去，高宗乃還處臨安，而偏安之局定矣。東晉以後，漢族至此再度南遷，中原諸地復淪於異族矣。

初，金人擄徽、欽，因立張邦昌為楚帝，使治宋故土；及高宗即位，邦昌來歸，金復立宋知東平府劉豫為齊帝，使南向攻宋，藉收「以華制華」之效。宋雖畏金人不敢與之爭衡，而於劉豫則下詔討伐，嚴兵備之。豫至不勝，金人亦知其無能，遂廢之。

南宋諸將如岳飛、韓世忠輩，皆痛心國事，力主恢復，飛嘗率兵出襄、鄧，直下中原，兩河豪傑，亦皆思南歸，適劉錡敗兀朮（音：ㄨˋ ㄓㄨˊ）於順昌，吳璘敗撒離喝於扶風，東西並舉，士氣大振，故國山河，光復有望，惜秦檜承高宗意力主和議，諸將之功力遂輕擲於虛牝。和議告成之後，淮北新得之地，復淪於金，其時高宗奉表金人謂：「臣構言，今來劃疆，以

淮水中流為界，西有唐、鄧州割屬上國，自鄧州西四十里，併南六十里為界屬鄧，四十里外併西南，盡屬光化軍，為敝邑沿邊州城。」（《宋史紀事本末》）。自此之後，中原諸地不可復得矣。

《宋書・地理志・序》：「高宗蒼黃渡江，駐蹕吳、會，中原陝右盡入於金，東劃長、淮，西割商、秦之半，以散關為界；其所存者，兩浙、兩淮、江東西、湖南北、西蜀、福建、廣東、廣西十五路而已。」其時京西南路尚存襄陽府、隨州、棗陽、光化軍，仍稱一路（南宋初，京西南路及荊湖北路有合為京湖路之稱，非定制也）。是宋人所有者，尚有十六路也。建炎四年以後，合江南東西為一路；紹興初復分。後因鄭剛中之請，又分利州為東西二路，惟乾道四年即復合為一路（利州路此後尚數有分合，然究以合時為多），故南宋一代以十六路之時為最長久。此十六路之區劃當如下表：

路名	屬府	屬州	屬軍	屬監
兩浙西路	臨安（行在所）（杭州）、平江（蘇州）、鎮江（潤州）、嘉興（秀州）、建德（嚴州）	安吉（湖）、常	江陰	
兩浙東路	紹興（越州）、慶元（明州）、瑞安（溫州）	婺、臺、處、衢		
江南東路	寧國（宣州）、建康（江寧府）	徽（歙）、池、饒、信、太、平	南康、廣德	
江南西路	隆興（洪州）	江、贛、吉、袁、撫、瑞（筠）	興國、南安、臨江、建昌	

路名	屬府	屬州	屬軍	屬監
淮南東路		揚、楚、海（建炎時入金，後為李全所據，景定後收復）、泰、泗（紹興時入金，後收復）、滁、真（建炎三年入金，後收復）、通（建炎四年入金，後收復）、安東（漣水軍）	高郵、招信、淮安、清河	
淮南西路	壽春（壽州）、安慶（舒州）	廬、蘄、和、濠蔣（光）、黃	六安、無為（建炎二年入金，尋復）、懷遠、鎮巢、安豐	
荆湖南路	寶慶（邵州）	潭、衡、道、永、郴、全	茶陵、桂陽（故監）、武岡	
荆湖北路	江陵、德安（安州）、常德（鼎州）	鄂、復、澧、峽、岳、歸、辰、沅、靖	荆門、壽昌、漢陽、信陽	
京西南路	襄陽	隨、房、均、郢	光化、棗陽	
廣南東路	英德（英州）、肇慶（端州）、德慶（康州）	廣、韶、循、連、潮、梅、南雄、封、新、南恩、惠		
廣南西路	靜江（桂州）、慶遠（宜州）	容、邕、融、象、昭、梧、藤、潯、柳、貴、賓、橫、化、高、雷、欽、鬱林、廉、瓊、賀	南寧（昌化）、萬安、吉陽	
福建路	建寧（建州）	福、泉、南劍、漳、汀	邵武、興化	
成都府路	成都、崇慶（蜀州）、嘉定（嘉州）	眉、彭、綿、漢、邛、簡、黎、雅、茂、威、隆（仙井監）	永康、石泉	

路名	屬府	屬州	屬軍	屬監
潼川府路	潼川（梓州）、遂寧（遂州）、順慶（果州）	資、昌、普、敘（戎）、江安（瀘）、合、榮、渠	長寧、懷安、寧西（廣安）	富順
夔州路	紹慶（黔州）、咸淳（忠州）、重慶（恭州）	夔、施、萬、開、達、涪、思、播	雲安、梁山、南平	大寧
利州路	興元、隆慶（劍州）、同慶（成州）	利、洋、閬、巴、沔（興）、蓬、政（龍）、金、階、西和（岷）、鳳	大安、天水	

　　高宗紹興末，金主亮大舉南侵，直抵江滸，宋室幾危；幸金主為其下弒於揚州，軍無鬥志，悉兵北歸；宋人乘之，遂取唐、鄧、海、泗、陳、蔡諸州，而吳璘亦將師下秦、隴、商、虢等地；詎樞密張浚調度失機，新得疆土遂復喪失矣。

　　蒙古崛起漠北，率兵南下，宋人乃聯之以滅金，蒙古兵入蔡州，宋亦遣軍取唐、鄧二州，以垂亡之金虜易方盛之蒙古，幾何其不敗事也！及宋人議取三京，遂肇兵釁，邊境益無寧日，蒙古兵入臨安，恭帝遂效徽、欽故事，長期北狩矣。

第三節　宋代地方行政制度

　　宋承唐後，分天下為諸府州軍監，其下統轄諸縣，而上屬於各路。路置轉運使，轉運使之職本在理財，太平興國之後，始兼理民刑。《宋史·職官志》稱諸使「歲行所部，檢察儲積，稽考帳籍，凡吏蠹民瘼悉條以上達，及專舉刺官吏之事」。是已兼司監察之事矣。南渡而後，轉運使之職掌雖略有變動，而其監察之責仍如汴京之舊，故〈職官志〉言中興後之轉運使，猶稱其「間詣所部，則財用之豐欠，民情之休戚，官吏之勤惰，皆訪問而奏陳

第十九章　宋代疆域概述

之」也。

宋初欲盡革五季藩鎮跋扈之患，乃於京師多建佳第美宅，賜諸鎮節度居之，以為羈縻之計，務使擺脫各地政務而後已。諸府州之政務，則以文臣代守，此輩文臣皆以其京官本職臨民，號權知軍州，以其本非守臣，而使之知地方之事務也。其後二品以上及帶中書樞密院宣徽使職出守地方者則稱之曰判某府州軍監，不及二品者僅為知州軍事，因成定制。後世之知府知州知縣諸名，皆肇始於此。

宋以前諸府皆置尹，宋初太宗為京尹，諸臣遂不敢復居其位，乃置權知府以司其事，其後京師雖亦間置府尹，然領其事者非親王即太子也。其他諸府仍皆置權知府以治之，不稱尹也。宋代諸府等第最上者為輔，其次則望、緊、上、中、中下、下，以此定其事之繁簡與地位之高下也。

宋代各州皆置知州事一人，若古之刺史。其時各州共析為七等，輔、雄、望、緊、上、中、中下、下是也。較之唐代增中下一等。別有節度、防禦、團練、刺史等州之名，則皆因唐而置；此四種階級在唐代雖極重要，然在宋代則僅有其名稱而無職任，特以為武臣遷轉之次序，與實際之第等固無若何關係也。

軍監之置官亦如府州，惟其等第則略有不同，直隸於路之軍與監，多比下州之地位；若屬於府州者，雖亦置知某軍事或置知某監事之官吏，然其地位已降與諸縣等矣。

宋縣置知縣事一員，縣有赤、畿、次赤、次畿、望、緊、上、中、中下、下十等，皆依其戶之多少而為高下也。

第二十章

遼國疆域概述

第二十章　遼國疆域概述

　　遼人肇興，遠在唐代，唐初開擴土城，諸夷之降附者皆置州縣以其酋長為刺史令長而羈縻之。幽州塞外有契丹種人者率其族內附，乃為置松漠都督府及諸羈縻州縣以居之。唐中葉而後，中原亂離，無暇外顧，其種乃漸大，其酋有阿保機者，因併諸部，居於臨潢，稍進而伸其勢力於他族，於是北伐室韋、女真，西取突厥故地，並滅奚族。是時唐諸藩鎮方互爭長，聞契丹強大，朱溫、李克用、劉守光等競來結好，其勢益盛，遂於梁貞明初，建國曰契丹，而稱帝號焉。

　　阿保機既稱帝號，遂東滅渤海，悉有其地，《遼史・地理志》所謂「得城邑之居百有三」也。朱梁後唐之間，南取營、平二州；及石敬瑭稱帝，以深藉契丹之力，乃割幽、薊、瀛、莫、涿、檀、順、新、媯、儒、武、雲、應、寰、朔、蔚十六州以獻，而契丹之勢南漸矣。

　　石晉天福二年，契丹主耶律德光改國號曰遼。晉帝石敬瑭既受契丹冊立，故終其身事虜之禮甚恭；敬瑭逝後，晉之君臣以臣遼為辱，頗欲脫離關係，德光乃率師南下，虜晉帝而滅其國，中原之地備受胡騎蹂躪。然所得之地，終不能守，乃還師北去。

　　宋初議復石晉失土，然國力未強，故太宗兩次出兵皆戰敗而歸，遼人知宋兵不振，屢寇邊境，易、定諸州，數被其禍。景德初遼兵大舉南侵，真宗北幸澶淵以禦之，締約和好，兩國自此以白溝河為界，其後雖仍數次南侵，疆界亦間有變遷，然白溝之分界，固仍為兩國所重視也。

　　遼人以塞外胡虜，雖乘漢族積弱之時，挾其強弓硬弩，馳騁於幽、薊之地，更立石晉為其保護之國，兵力之強，其時固無敢與爭鋒者，然其文化之低下，則又不可否認，其國制度率皆模仿漢人舊制，故其疆域之區劃，亦以州縣為重。更仿唐制分建五京：

　　上京臨潢府　太祖神冊三年城之，名曰皇都；太宗天顯十三年更名上都，府名臨潢；

東京遼陽府　天顯三年以東平郡為南京，十三年改日東京，府日遼陽；

中京大定府　聖宗統和二十五年置日中京，府日大定；

南京析津府　故唐幽州，會同元年為南京，府日幽都，開泰元年，更為析津府；

西京大同府　故唐雲州，興宗重熙十三年建為西京，府日大同。

　　遼既分置五京，復因五京而置五道，道亦稱路，蓋仿於宋制也。道之下設府、州、軍、城，府州之下復置州軍城縣；別有所謂頭下軍州者，蓋遼人所創立之制度也。《遼史·地理志》：「頭下軍州，皆諸王外戚大臣及諸部從征俘掠，或置生口，各團集建州縣以居之。橫帳諸王國舅公主許創立州城，自餘不得建城郭。朝廷賜州縣額，其節度使朝廷命之，刺史以下皆以本主部曲充焉。官位九品之下及井邑商賈之家，徵稅各歸頭下，唯酒稅課納上京鹽鐵司。」是頭下軍州乃諸將之戰利品，與夫王公大臣公主之食邑也。

　　遼國之幅員據〈地理志〉所言，則西起金山，暨於流沙，北至臚朐河，南至白溝，東漸於海，亦朔方之大國也。其間置京五，府六，州軍城百五十有六，縣二百有九，其名稱隸屬略具於下（下表所載僅直隸於道者）：

路名	屬府	屬州	屬軍	屬城
上京道	上京臨潢府	祖、懷、慶、泰、長春、烏、永、儀坤、龍化、降聖、饒、徽、成、懿、渭、壕、原、福、橫、鳳、遂、豐、順、閭、松山、豫、寧（自徽州至寧州即所謂頭下軍州）、靜、鎮、招		河董、靜邊、皮被河、塔懶主

第二十章　遼國疆域概述

路名	屬府	屬州	屬軍	屬城
東京道		開、定、保、辰、盧、鐵、興、湯、崇、海、淥、顯、宗、乾、貴德、沈、集、廣、遼、遂、通、韓、雙、銀、同、咸、信、賓、龍、湖、渤、郢、銅、涑、冀、東、尚、吉、麓、荊、懿、勝、寧、衍、連、歸、蘇、復、肅、安、榮、率、荷、源、渤海、寧江、河、祥		來遠、順化
中京道		成、宜、錦、川、建、來		
南京道	南京析津府	平		
西京道	西京大同府	豐、雲內、奉聖、蔚、應、朔、東勝、金肅	天德、河清	

　　遼人之先，遠處塞北，以游牧為能事，各種建制，皆甚簡樸，置官設員，亦因其俗而略具名稱，此文化未發達民族之通例也。及南取幽、薊諸州，國內漢人驟見增多，蕃漢之俗不一，相處自難融洽，欲兼理此兩民族，勢不能再因其曩日簡樸之官制矣。遼太宗有鑒於此，因分其官吏為南北二面，所謂北面者，其官吏居其牙帳之北，專治番事，以治宮帳部族屬國之政；而南面之官吏居牙帳之南，主治漢事，以司漢人州縣租賦軍馬之事，兩族分治，自減少無限糾葛。此種分別自中央以至地方莫不皆然，故吾人欲述其地方之行政制度，亦當分論其南北之情形也。

　　契丹之俗，喜聚族而居，因有部族之別，部落曰部，民族曰族，氏族間之分歧至為清晰，不容稍有雜亂也。唐初之松漠都督府即因其時八部而建置也。部族之分合亦時有不同，遼太祖之時有部二十，及於聖宗，分置十六，增建十八，合舊部共為五十四，部族日雜，而大小遂分，五院、六院、乙室、奚六諸部其最大者，因大小之不同，而設官亦異。大部族置大王，左右

宰相、太師、太保及司空，並建部節度使司、部族詳穩司，與夫石烈、彌里彌鄉諸官；小部落則裁其大王、宰相、太師、太保等而改置部族司徒府，使各治理其部族之事，此皆屬於北院也。

遼人既因漢制而分建京府州縣，故其官吏皆仍漢舊。遼人於臨潢、遼陽、大定、大同、析津分建五京，五京之長官皆稱府尹，多以留守兼之。上都為皇都重地，凡諸京所有之官吏，上京皆有之，其餘則因其地位之重要與否，而各有不同，故西京多邊防官，而南京、中京多財賦官也。其他諸府則裁府尹而置知府，以其地位次於京府也。

遼國諸州，以節度州為最高，觀察州次之，團練州又次之，防禦州又次之，而刺史州為殿，各因其高下而分置節度、觀察、團練、防禦等使及刺史焉。縣則置縣令。州縣之行政官吏往往與宋代相同，惟因府州之下亦可轄州，故同為諸州長吏，而地位遂有差別矣。軍城之官吏史籍未詳，故略而不述。

遼自阿保機建國，九傳而至天祚帝延禧，政紊國弱，女真起於東境，屢構釁隙，遂至兵戎相爭，遼以衰弱之餘，難當新興之金人，故連戰皆北，而和又不成，金師西向，遂取燕京之地，天祚兵敗被執，遼國遂亡。其族有耶律大石者，率眾西奔，至中央亞細亞建西遼國，越八十餘年，而為乃蠻王所滅，遼祚乃斬。

第二十章　遼國疆域概述

第二十一章

金源疆域概述

第二十一章　金源疆域概述

　　金源本海上夷人，世處長白山下，遼人崛起塞外，嘗臣事之。天祚帝時，其酋有阿骨打者，因不堪遼人之壓迫，乃起兵反叛；是時遼人已漸衰，自難當此初盛之外寇，故金人得大逞其志，乃建國而稱帝號。阿骨打逝後，其弟吳乞買繼立，遂擒遼天祚帝而滅其國焉。

　　金滅遼之後，南與宋接壤，宋於是時積弱已甚，雖將亡之遼亦不可勝，豈能敵驟強之金。金帝深知宋兵之無力，故於擒天祚後，即遣兵分道南下，進陷汴京，虜徽、欽二帝而去；復分兵寇汴京東西，及陝西諸路，或降或陷，皆取其地。宋高宗雖遠保江南，然金師仍時時南擾，兩國之間殊少寧日。金人既得中原，遂立張邦昌為楚帝，邦昌稱帝未久，復歸於宋，金乃別立劉豫為齊帝，使南與宋爭，以收漁利。豫既立而兵力不能勝宋，金復廢之，自統中原諸地。及秦檜和議告成，南北疆界始得略定。

　　金承遼制亦設五京，惟其稱號略異：

　　　　上京會寧府　太宗建都之地，天眷元年置上京。

　　　　南京遼陽府　遼東京。

　　　　中京大定府　遼中京，金初因之。

　　　　西京大同府　遼故京。

　　　　北京臨潢府　遼上京，天眷元年改為北京。

　　及海陵南侵，遷都於燕，因更五都之號：

　　　　南京開封府　宋故京。

　　　　北京大定府

　　　　東京遼陽府

　　　　西京大同府

　　　　中都大興府　遼故南京。

　　世宗即位，復會寧府上京之號，於是有六京之目。宣宗貞祐二年，避元

人南侵，遷都南京，因以洛陽為中京，號金昌府，未幾而國亡矣。

　　金人仿宋之制度，分建諸路，路置總管府，其數共有十四，合五京為十九路。十九路之分合轄隸略如下表：

路名	屬府	屬州
上京路	會寧、隆安	肇、信
咸平路	咸平	韓
東京路	遼陽	澄、沈、貴德、蓋、復、來遠（本軍）
北京路	大定、廣寧、興中、臨潢	利、義、錦、瑞、懿、建、全、慶、興、泰
西京路	大同、德興	豐、弘、淨、桓、撫、昌、宣德、朔、武、應、蔚、雲內、寧邊、東勝
中都路	大興	通、薊、易、涿、順、平、灤、雄、霸、保、安、遂、安肅（本軍）
南京路	開封、歸德、河南	睢、單、壽、陝、鄧、唐、裕、嵩、汝、許、鈞、亳、陳、蔡、息、鄭、潁、宿、泗
河北東路	河間	蠡、莫、獻、冀、深、清、滄、景
河北西路	真定、彰德、中山	威、沃、邢、洺、磁、祁、濬、衛、滑
山東東路	益都、濟南	濰、濱、沂、密、海、莒、棣、淄、萊、登、寧海
山東西路	東平	濟、徐、邳（音：ㄆㄟˊ）、滕、博、兗、泰安、德、曹
大名府路	大名	恩、濮、開
河東北路	太原	晉、祈、平定、汾、石、葭、代、嵐、寧化、嵐、岢嵐、保德、管
河東南路	平陽、河中	隰、吉、絳、解、澤、潞、遼、沁、懷、孟
京兆府路	京兆	商、虢、乾、同、耀、華

第二十一章　金源疆域概述

路名	屬府	屬州
鳳翔路	鳳翔、平涼	德順、鎮戎、秦、隴
鄜延路	延安	丹、保安、綏德、鄜、坊
慶原路	慶陽	環、寧、邠（音：ㄅㄧㄣ）、原、涇
臨洮路	臨洮	積石、洮、蘭、鞏、會、河

上京、東京二路為金人初起時據有之疆域，故其地尚保存金源固有之區劃，若上京路轄有蒲與路、合懶路、恤品路、曷蘇館路、胡里改路及東京路之婆速府路，皆因其部族而置，不在十九路之中也。

金初因宋制亦建諸軍，位於州之次，循遼之舊，凡不足一縣之地亦曰城鎮，大定而後，盡升諸軍為州，而城鎮亦有升為縣者，故金人之制度頗簡於宋、遼，即以路統府州，而府州復轄縣鎮也。

金國全境東起海濱，西越積石，北出陰山，南則淮水與宋為界，凡置路十九，京府州百七十九，縣六百八十三，較契丹舊域又形廣闊矣。

金之初起亦以夷虜，故其建官置吏，多因舊俗。及滅遼侵宋，國內庶民非盡女真一族，因效遼人南院之制度，設漢官而治理之。天會時始建三省之制，以效法漢人；熙宗頒定新官制，大率多循遼、宋故事，遂漸廢其舊稱矣。

地方之官吏，初年有孛董忽魯之號，轄一部者曰孛董（音：ㄅㄛˊ　ㄐㄧㄥˇ），統數部者則稱忽魯，此其大較也。自熙宗定官制後，遂有尹牧令長之官，孛董忽魯之稱漸廢矣。

金源疆域之區劃以路為最高，合五京府與十四總管府為十九路。諸京置留守兼攝府尹總管；總管府則府尹兼都總管，各治其本路之事，諸路雖亦置轉運使司，然僅理財賦，不問民政。與宋制異矣。其餘諸府亦置府尹，然不兼總管之職，所轄亦只本府之事，是為散府，散府上隸於路，與州之名雖異而實際則少有不同也。

　　諸州亦分節度、防禦、刺史三級，各級之中又分為上、中、下三等，節度州置節度使，防禦州置防禦使，刺史州僅置刺史。縣有七等之分，七等者，赤、京、劇（次赤）、次劇、上、中、下也。中部附郭曰赤縣，諸京附郭曰京縣，二萬五千戶以上者為次赤為劇，二萬戶以上者為次劇，萬戶以上者為上，三千戶以上為中，不滿三千戶者為下。諸縣各置縣令以判縣事，而總成於府尹總管，金人之行政制度如此而已。

第二十一章　金源疆域概述

第二十二章

元代疆域概述

第一節　元初領土之擴張及四大汗國之建立

蒙古之初，遠處漠北，遼、金之時嘗入貢焉。其酋有也速該（Yesugei）者，勢漸強大，遂蠶食其旁諸部族。也速該逝後，其子鐵木真（Temujin）繼立，滅泰赤烏（Taychiud）、札達蘭（Jadran）、蔑兒乞（Merkit）、弘吉剌（Qonqirat）、塔塔兒（Tatar）等部；克烈部（Kerait）長王汗（Ong Khan）不服，遂擊定其地；後擒乃蠻部（Naiman）長塔陽汗（Tayang Khan），於是漠南北諸部族或望風降附，或被夷滅，無敢再與之抗者；其群臣集於鄂嫩河（Onon）之源，共上尊號曰成吉思汗（Genghis Khan）。成吉思汗統一蒙古之後，即圖南侵，首攻西夏，夏人乞和；復進擊金人，是時金人已漸衰，兩河、山東數千里之地咸為所蹂躪，而金宣宗所居之中都亦被圍困，金主勢窮，亦效宋人納幣而請和焉。

金主既乞和，復遷都於汴。成吉思汗以其許和而遷都，是不見信，遂再起兵南下。初，乃蠻破後，成吉思汗遣別將西征，定西遼（Qara Khitai）地，與花剌子模（Khwarazm）接壤。花剌子模亦西域之強國也，以故殺蒙古使者。成吉思汗因留兵困金，自率大軍西征，是為蒙古用兵西方之始。汗於一二一八年冬季率軍西行，次年夏，軍次額爾濟斯河（Irtysh），其秋遂進軍西討，擊敗不花剌（Bukhara）、撒馬爾罕（Samarkand）、攻花剌子模之都玉龍傑赤（Gurgench），墮其城，其算端摩訶末（Mohammad）先期出走，汗乃使哲別（Jebe）、速不臺（Subutai）二將軍率師追之。摩訶末歷經巴爾赫（Balkh）、內沙布爾（Nishapur）、哥疾雲（Qazvin）而逃入寬田吉思海（Caspian Sea）中，追哲別等至，摩訶末已困死於海中小島上。哲別、速不臺乃乘勝略伊蘭（Iran）北方諸城，復進掠谷兒只（Georgia），既而越太和嶺（Caucasus），連破阿蘭（Alains）、欽察（Kipchak）、斡羅思（Russ）諸部兵，復乘回回之便，平不里阿耳（Bulgar）及康里（Kangli）

而歸，於是突厥斯坦（Turkestan）、寬田吉思海周圍遂無處無蒙古人之足跡矣。

汗既破花剌子模，遂進圍阿姆河（Amu）北岸之忒耳密（Termidh）屠其城，復分兵下巴達赫尚（Badakhshan）、呼羅珊（Khorasan）及巴米揚（Bamyan）等城，攻哥疾寧（Ghazna），蓋是時摩訶末之子札蘭丁（Jalal al-Din Mangburni）方據守此城也。札蘭丁御戰，大敗，遂逃入印度之德里（Delhi），汗使將追之，不及而返。成吉思汗在西域七年，盡定其地，置達魯花赤（Darughachi）以治之。

成吉思汗東歸後，覆滅西夏，西夏平，汗亦遂崩。太宗繼之，覆滅金人。是時札蘭丁又歸波斯，乃遣綽兒馬罕（Chormaqan）西征，因乘間取亞美尼亞、曲兒忒（Kurdistan）、谷兒只諸地，而小亞細亞（Asia Minor）亦為蒙古兵所侵略。是時復遣拔都（Batu）西征欽察、斡羅思諸部，拔都率其大軍自亦的窩瓦河（Idil）進擒欽察酋長八赤蠻（Batchman），破不里阿耳，西定斡羅思，毀其名城弗拉迪米爾（Vladimir）、莫斯科（Moscow）及乞瓦（Kiev），斡羅思全部殆無地不受其蹂躪。拔都既定斡羅思，乃分兵西進，遠征馬扎爾（Hongrie），拔都自將中軍，直攻其地，海都（Kaidu）、拜答兒（Baidar）率北軍入孛烈兒（Pologne），趨克剌哥（Cracovie），焚其城而進攻昔烈西亞（Silesie），破日耳曼之義勇兵，轉至奧地利邊，會拔都軍於馬扎爾。別軍亦自東南羅馬尼亞共臨佩斯（Pest）城下，破之。其王貝拉（Bela IV）出奔，拔都乃遣合丹追之。合丹乘勢蹂躪塞爾維亞諸地。拔都復率師西向至威尼斯（Venice）及奧地利，欲盡平諸國，會太宗訃至，遂班師東歸。

憲宗即位之後，以波斯諸部尚未大定，乃於一二五三年命其弟旭烈兀（Hulagu）西征。旭烈兀兵入波斯，首滅木剌夷國（Mulahida），驛送其王於蒙古，至中途而殺之。復進取報達（Bagdad）滅黑衣大食（Abbasids），

第二十二章　元代疆域概述

更西而進至天房（Arabie），侵入密昔兒（Misr），以憲宗崩，遂罷軍。

　　初，成吉思汗逝後，其地分屬諸子，長子朮赤後裔撥都統欽察舊地，東逾烏拉山（Ural），西迄多峇湖（Danau），包有斡羅斯東南部，乃花剌子模康里，建牙於窩瓦河下游左岸之薩萊（Sarai），即所謂欽察汗國是也。次子察合臺（Chagatai）得西遼地，東起伊犁河（Ili），西跨錫爾河（Syr Darya）上游，南限阿姆河（Amu Darya），北控西伯利亞（Siberia），建牙於阿力麻里（Almalik），是為察合臺汗國。窩闊臺（Ogotai）食欽察汗國之東，察合臺汗國之北，葉密立河（Emil）流域舊乃蠻地，為窩闊臺汗國。而憲宗時率軍西征之旭烈兀，亦食欽察汗國之南，及察合臺汗國以西諸地，是為伊兒汗國。四大汗國與統轄蒙古本部及中國之皇室，東西並治焉。

　　憲宗在位之時，除遣旭烈兀西征外，復遣忽必烈征大理、吐蕃，兀良哈臺（Uriyangkhadai）伐交趾，皆破之。憲宗自率兵攻宋，逝於合州城下。忽必烈乃即帝位，因改蒙古為元，是為元世祖。世祖既即位，賡其前業，繼續伐宋，使伯顏入臨安，虜宋帝北去，復困宋帝昺（音：ㄅㄧㄥˇ）於厓山，滅之而歸。

　　世祖即位之初，嘗遣兵渡海征日本，以颶風覆舟，狼狽而歸：會時方有事於占城，乃移軍而南，日本卒未能下。元既破占城，遂與安南起釁；然師久不能成功，至成帝時遠征軍罷，安南乃內附，南洋諸國若馬八兒（Maabar）、蘇木都剌（Samudra）皆遣使貢方物。元代版圖至此而極大，歷代無與之倫比者也。

第二節　元代中國地區之疆域區劃與其制度

　　蒙古民族之兵力雖遠及於歐、亞兩洲，然所征服之土地均分封子弟功臣，受封者各治其封疆，僅戴大汗為共主。自世祖忽必烈不經「忽里勒臺」

推舉而自立，遂引起帝位之爭執，兵釁擾攘，數十年後始漸底定，而帝室與諸汗國之關係，因之益疏，元帝實際所統治者，僅蒙古本部及中國疆域內而已。

元時疆域制度，頗與前代不同。吾人猶憶漢州唐道，與夫宋人之路，皆嘗為一代疆域主要之區劃；元代雖仍保存路州等之故稱，然於路州之上別置中書省、行中書省以轄之，是其所異於前代者也。省名之起，其原甚早，魏、晉之時已有尚書省、中書省之稱；然皆中樞之要署，不直轄地方也。隋開皇八年伐陳，嘗置淮南行臺省於壽春，以晉王廣為尚書令，是其時已有行省之名，惟僅限於一時，故未久即廢也。金源入主中原，南攻宋，西制夏，北防蒙古，行省之建置始多，然皆因時制宜，故與疆域區劃少有關係。元太宗三年始立中書省，以耶律楚材為中書令；憲宗初，乃立燕京等處行尚書省；中統初，改置行中書省。其後屢事增置，至英宗至治時，遂有一中書省及十一行中書省之目：

中書省（腹裏）

行中書省　嶺北　遼陽　河南　江北　陝西　四川　甘肅

　　　　　雲南　江浙　江西　湖廣　征東

中書省、行中書省之名稱間有改為尚書省、行尚書省者，然皆為時不久，非定制也。

元之初起始於和林，即建都於其地；世祖遷都大興，和林廢不為都。大德後於其地置行中書省，同於列郡。大興本遼之南京析津府，金人中都路，世祖既定中原，遂改為大興，別稱大都，遂建都焉；後世因之，成定制矣。初憲宗時，世祖以諸王治漠南地，開府於故金之恆州，即位後以潛府所在，因升為開平府，加號上都，比於大都，歲一巡幸。終元之世，常以大興、開平為二都焉。

第二十二章　元代疆域概述

元既建中書行省之制，而曩之路府州縣皆隸屬之。路轄府州縣，府領州縣，而州亦有屬縣。路府州亦有不直接轄縣者，府與州又有不隸路，而隸於省者，即所謂直隸府州也。元又別置軍及安撫司。軍仿宋之舊制，安撫司則立於邊境番夷之地，其數皆不多，僅四川有一軍（長寧），湖廣有三軍（南寧、萬安、吉陽）；若安撫司則僅湖廣有之，他省不置也。軍有直隸於省者，湖廣三軍是也；有統轄於路者，四川之一軍是也。安撫司則皆直隸於路，無他屬者。元代帝室其權力雖不及於西北四大汗國，即以蒙古與中國本部而論，疆域之廣亦駕於前代。《元史·地理志·序》稱其地「北逾陰山，西極流沙，東盡遼左，南越海表……東南所至不下漢、唐，而西北則過之，有難以數里限者」，蓋實錄也。所惜者此侉大之帝國，為異族所建，而炎黃後裔，反處於被壓迫之地位，不能揚眉吐氣，可慨已夫！元代於域內諸省之下，置路一百八十五，府三十三，州三百五十九，軍四，安撫司十五，縣一千一百二十七。較之漢、唐，則又過矣。今表列諸省及所轄之路與夫直隸之州府於下，略見其時疆域分合之概況焉。

省名	屬路	直隸府	直隸州
中書省	大都、上都、興和、永平、德寧、淨州、泰寧、集寧、應昌、全寧、寧昌、保定、真定、順德、廣平、彰德、大名、懷慶、衛輝、河間、東平、東昌、濟寧、益都、濟南、般陽府、大同、冀寧、晉寧		曹、濮、高唐、泰安、德、恩、冠、寧海
嶺北	和寧	咸平	
遼陽	遼陽、廣寧府、大寧、東寧、潘陽、開元、合蘭府、水達達		

省名	屬路	直隸府	直隸州
河南江北	汴梁、河南府、襄陽、蘄州、黃州、廬州、安豐、安慶、揚州、淮安、中興、峽州	南陽、汝寧、歸德、高郵、安陸、沔陽、德安	荊門
陝西	奉元、延安、興元、河州、脫思麻	鳳翔、鞏昌、平涼、臨洮、慶陽	邠、涇、開成、莊浪、秦、隴、寧、定西、鎮原、西和、環、金、靜寧、蘭、會、徽、階、成、金洋、雅、黎、洮、貴德、茂、岷、鐵
四川	成都、嘉定府、廣元、順慶、永寧、重慶、夔州、敘州、馬湖	潼川、紹慶、懷德	
甘肅	甘州、永昌、肅州、沙州、亦集乃、寧夏府、兀剌海		山丹、西寧
雲南	中慶、威楚開南、武定、鶴慶、雲遠、廣南西、麗江、東川、茫部、孟傑、普安、曲靖、澂江、普定、建昌、德昌、會川、臨安、廣西、元江、大理、蒙憐、蒙萊、柔遠、茫施、鎮康、鎮西、平緬、麓川、木連、蒙光、木邦、孟定、謀粘、孟隆、木朵、蒙兀	仁德、柏興	
江浙	杭州、湖州、嘉興、平江、常州、鎮江、建德、慶元、衢州、婺州、紹興、溫州、臺州、處州、寧國、徽州、饒州、集慶、太平、池州、信州、廣德、福州、建寧、泉州、興化、邵武、延平、汀州、漳州	松江	江陰、鉛山

第二十二章　元代疆域概述

省名	屬路	直隸府	直隸州
江西	龍興、吉安、瑞州、袁州、臨江、撫州、江州、南康、贛州、建昌、南安、廣州、韶州、惠州、南雄、潮州、德慶、肇慶		南豐、英德、梅、南恩、封、新、桂陽、連、循
湖廣	武昌、岳州、常德、澧州、辰州、沅州、興國、靖州、天臨、衡州、道州、永州、郴州、全州、寶慶、武岡、桂陽、靜江、南寧、梧州、潯州、柳州、思明、太平、田州、來安、鎮安、雷州、化州、高州、欽州、廉州	漢陽、平樂	歸、茶陵、耒陽、常寧、鬱林、容、象、賓、橫、融、藤、賀、貴
征東	瀋陽	耽羅	

　　元代既分全境為中書省及十一行中書省，又以疆域過大，行省之分割過廣，間有鞭長難及之患，故於偏僻之處，邊陲之地，斟酌其需要，分為諸道，此道即所謂宣慰使司之道也。道上承省之政令而布之於諸縣，復轉諸縣之請求於省，蓋所以補省與行省區劃之所不及也。此類之道凡十一：

山東東西道（治益都路）；　　　　河東山西道（治大同路）；

淮東道（治揚州路）；　　　　　　荊湖北道（治中興路）；

四川南道（治重慶路）；　　　　　浙東道（治慶元路）；

湖南道（治天臨路）；　　　　　　廣東道（治廣州路）；

廣西兩江道（治靜江路）；　　　　海北海南道（治雷州路）；

福建道（治福州路）。

　　然元代之道因不僅宣慰使司道之一種，別有所謂肅政廉訪使之道，則上承中央御史臺及引御史臺之命，而監察全國各地之行政。此種肅政廉訪使道全國共有二十二區，每道皆有肅政廉訪使以司其事，與引省制度系統中之宣慰使司之道，完全異趣，故略而不述焉。

第三節　元代地方行政制度

　　蒙古起自漠北，承游牧之俗，制置簡略，蓋與遼、金之初相似。及南下亡金滅宋，為中國文化所薰陶，建官置吏，略仿唐、宋、遼、金諸朝舊制，而監司臺守之臣始漸備焉。蒙古以戰勝之民族，對於受其統治之漢人南人，頗加歧視；又恐其心懷反側，不敢遽受大權，故行政官吏類皆蒙、漢兼置，操大權者為蒙人，而以漢人為其副貳，較之遼、金又加苛刻矣。

　　元自世祖入主中國後，分建二都，各置留守，以司守衛宮闕都城調度本路供億諸務；復置都總管府以治民事，上都之都總管府事由留守兼理，大都則別設官以司之，亦前代尹牧之遺意也。

　　元代中書省與行中書省之區劃，與漢州唐道頗相類似；然究其實際，則大相徑庭。蓋漢、唐州道皆為監察之區域，而元之行省則負行政上之全責，故前後似是而實非也。行中書省之名稱乃對中書省而言，蓋初年征伐之時因時而置，使轄軍民之事，其組織皆仿之中書省，故皆設丞相平章左右丞與參知政事以處理一省內之政務，舉凡錢糧兵甲屯種漕運軍國重事無不領之。特中書省別有中書令以典領百官而會決庶務，此則行省之所無也。要之，行省官吏之權力，實龐大無倫，開三級制中之新聲。漢改刺史為州牧時，議者尚以為權重，然較之元代行省之大吏，則又瞠乎其後矣。

　　元代之諸路約分上、下二等，上路有戶十萬以上，其不足者則為下路；惟其地勢衝要而戶口稍減者，亦得列為上路。路置達魯花赤一員，總管一員。達魯花赤者，蒙古語長官之意也，常以蒙人為之。漢人則多為總管，以其為蒙人之副貳也。

　　宋人之府隸屬於路，元人則升之直隸諸省，與路居同等之地位；然亦有不升之者，即散府是也。直隸府與散府皆置達魯花赤一員，知府或府尹一員，知府為帶京官而司府事者，與宋制同，其名稱雖與府尹異，而其權力職

第二十二章　元代疆域概述

務則固相若也。

　　州亦有直隸、散州之別。至元初年，別州為三等：一萬五千戶以上者為上州，六千戶以上者為中州，其不及六千戶者則為下州。江南既平，戶口益繁，乃更加訂正；五萬戶以上者為上州，三萬戶以上者為中州，不及三萬戶者為下州。因此次訂正而升縣為州者，遂有四十餘，而其路府附郭之縣，尚不在其數也。上州置達魯花赤及州尹各一員，中下州則改州尹為知州，以略示其區別。

　　諸縣亦別為三等，至元初，以六千戶以上者為上縣，二千戶以上者為中縣，其不及二千戶者則為下縣；二十年後又定江、淮以南三萬戶以上者為上縣，一萬戶以上者為中縣，不及一萬戶者為下縣。縣置達魯花赤一員，尹一員，以司其民事焉。

　　路府州縣之外，邊地則有軍安撫司及蠻夷諸地之長官司，其制約當疆域內之下州，亦置達魯花赤，而其副貳則間用當地之土人，蓋與疆域內之任漢人，具有同一之意義也。

　　元初兩次釐定州縣等級，使吾人得知自北宋衰亡，徽、欽北狩之後，歷經遼、金諸代之騷擾，中原元氣愈形不振。其時人民不堪異族之壓迫，群相南遷，殆與政府取同一之步驟，惜簡冊多闕，難知其詳。其時亦不若南北朝時江左僑置郡縣，能使吾人稍可知其流離之情況；然由元代州縣戶口之差別，南北間相異之狀況殆不可同日而語，南方之上縣幾當中原之一州，懸殊之勢，甚可驚人。故宋人南渡至元人入主中原之際，實為漢族再度南遷之時期。此種南北之差別歷久而未復，直至今日猶未能盡復舊規，外患對於民族之影響，可以見矣。

第二十三章

明代疆域概述

第二十三章　明代疆域概述

第一節　明初布政使司之建置及其疆域區劃

　　元人以異族入主中國，漢族處於被征服之地位，實居社會上最低下之階級，所謂蒙古人色目人者則儼然高踞，極壓迫荼毒之能事，武力屈服之下，固無由稍事反抗者也。及其末季，政益衰而虐益甚，有劉福通者振臂一呼，揭竿而起，久受憑陵之人民紛紛響應，於是方國珍據浙東，張士誠據浙西，明玉珍據巴、蜀，陳友諒據湖廣，此皆兵力較強而能割據一方者也；至若擁一城竊一鄉者，更難指數矣。明祖起於淮右，進略金陵，東定吳中，西併湖廣，雄師北指，胡虜遠遁，向之氣焰不可一世，無人敢與爭鋒之游牧民族，至此亦以狼狽逃竄聞，漢人始能脫離異族之桎梏而獨立矣。

　　明祖初起義師，疆域建置未遑從事，故尚因元人舊稱，而有江南行中書省之名。既而以胡虜之舊號，難適於方起之新朝，故洪武建元之後，即以肇建新制為急務，於是革江南之名，而以其地直隸中書省。蓋其時明祖兵力東阻於張吳，西隔於陳漢，而北面猶有胡騎之慮，僅金陵一隅入其掌握，故黜江南之稱以示其力之所及也。其後勁旅四出，土地益廣，建置屢繁，行省之設遂有十二：

　　北平　山西　山東　河南　陝西　四川　江西　湖廣　浙江
　　福建　廣東　廣西

　　然此尚仍元人行省之故稱。洪武九年因改行中書省為承宣布政使司，此又為中國疆域史上之新制也。既而又罷中書省以諸府州直隸於六部，於是元代之省與行省之名稱遂廢棄矣。雖然，明初罷元諸省之名，而布政使司之制度，實由省與行省所蛻化；且布政使司之區域，又與元省相差無幾，固換湯而不換藥者也。一般人士習俗之稱謂，仍以省為普遍，行之既久，遂成不刊之典。自明、清至於今日，皆為疆域主要之區劃，此殆創行此制之金源蒙古諸族，所未料及者也。

　　洪武十五年，平定雲南，而大理亦內屬，乃於其地置雲南承宣布政使司，近代所謂中國內部之輪廓，遂略具矣。明祖即位之後，又懲宋、元之孤立，復分封子弟於要地，於是燕、秦、晉、周、楚、齊、潭、趙、魯、蜀、湘、代、肅、遼、慶、寧、岷、谷、韓、沈、安、唐、郢、伊諸國一時並置，及建文削藩詔下，而靖難兵起矣。明祖封藩與漢高如同出一轍，然不旋踵即受其禍，較之西漢，更有甚焉。

　　成祖奪建文之位，遷都北京。其時布政使司之區域又略變遷，除北平之名，亦以其府州直隸於行都六部，於是有南北直隸之稱矣。永樂五年，南平交趾，亦建布政使司；十一年復置貴州布政使司；仁、宣之際，交趾叛服不常，終亦棄之；而二直隸十三布政使司，遂為常制矣。

　　明祖起兵之後，進據江寧，即改其地為應天府，而定都焉。應天既建都，加號南京；尋又曰京師。成祖奪國後，以北平為龍興之地，乃建北京為行在所，永樂十九年遂徙都之，更名曰京師；應天再為南京。仁宗繼立，欲復永樂初年之故事，而京師遂又號行在所；然遷都之計畫終未實現，故至英宗之時因廢行在而仍稱京師，至明之亡，皆遵其制，無所更改。明祖初年，以鳳陽為陵寢所在，別建中都；嘉靖又建承天府為興都，皆置留守司以治其事焉。

　　明初廢路改府，故其制度略簡於元。布政使司轄府及直隸州，府又統散州及縣，而州亦皆統縣；邊境別置衛所以懷輯遠人。今略述其時布政使所轄之府州於後，以見有明一代疆域之概況。

省名	屬府	直隸州
京師 （北直隸）	順天、保定、河間、真定、順德、廣平、大名、永平	延慶、保安
南京 （南直隸）	應天、鳳陽、淮安、揚州、蘇州、松江、常州、鎮江、盧州、安慶、太平、池州、寧國、徽州	徐、滁、和、廣德

省名	屬府	直隸州
山東	濟南、兗州、東昌、青州、萊州、登州	
山西	太原、平陽、汾州、潞安、大同	澤、沁、遼
河南	開封、河南、歸德、汝寧、南陽、懷慶、衛輝、彰德	汝
陝西	西安、鳳翔、漢中、延安、慶陽、平涼、鞏昌、臨洮	靈、興安
四川	成都、保寧、順慶、夔州、重慶、遵義、敘州、龍安、馬湖、鎮雄、烏蒙、烏撒、東川	潼川、眉、邛、嘉定、瀘、雅
江西	南昌、瑞州、九江、南康、饒州、廣信、建昌、撫州、吉安、臨江、袁州、贛州、南安	
湖廣	武昌、漢陽、黃州、承天、德安、岳州、荊州、襄陽、鄖陽、長沙、常德、衡州、永州、寶慶、辰州	郴、靖
浙江	杭州、嚴州、嘉興、湖州、紹興、寧波、臺州、金華、衢州、處州、溫州	
福建	福州、興化、建寧、延平、汀州、邵武、泉州、漳州	福寧
廣東	廣州、肇慶、韶州、南雄、惠州、潮州、高州、雷州、廉州、瓊州	羅定
廣西	桂林、平樂、梧州、潯州、柳州、慶遠、南寧、思恩、太平、思明、鎮安	田、歸順、泗城、向武、都康、龍、江、思陵、憑祥
雲南	雲南、曲靖、尋甸、臨安、澂江、廣西、廣南、元江、楚雄、姚安、武定、景東、鎮沅、大理、鶴慶、麗江、永寧、永昌、蒙化、順寧。	北勝、廣邑
貴州	貴陽、安順、都勻、平越、黎平、思南、思州、鎮遠、銅仁、石阡	

《明史·地理志》稱有明一代計有「府百有四十，州百九十有三，縣

千一百三十有八，羈縻之府十有九，州四十有七，縣六」；其疆域「東起遼海，西至嘉峪，南至瓊崖，北抵雲朔」，亦云盛矣。

第二節　明代地方行政制度

　　明代疆域以布政使司為最大之區劃，其制由元人行省蛻變而成。明祖初定金陵，尚存中書省之目，地域稍廣，復置中書分省，其後因所得之地分建行省，遂廢分省之稱。行省既因元制，其設官置吏亦多仍元舊，故平章政事左右丞參知政事之官吏，明初頗不少見，此固新朝初建時之普通情形，非有明一代為然也。洪武九年改省為承宣布政使司，於是罷平章左右丞諸員而改參知政事為布政使，使總一省之行政，復置按察使司以掌刑名，布政按察二使居同等之地位，特所司之事務稍異而已。兩直隸不置布政按察之使，直屬於六部；其儲糧屯田清軍驛傳水利撫民之事，則由鄰近各布政使屬吏兼辦，不另立其他名目也。

　　布政使司之下為府。府有三等：糧二十萬石以上者為上府，二十萬石以下者為中府，十萬石以下者為下府，此洪武六年之制也。明以前州縣等第皆視其人戶之增減，而定其次序，至明乃別以所納糧米之多寡為標準，亦制度之改革者也。府設知府一人（京府則置府尹），直隸之府得專達於朝，其他皆受布政使之節度，以治一府之事焉。

　　府下為州。州有二種：散州與直隸州是也。散州屬於府，而直隸州則直屬於布政使司，此其大別也。州置知州，散州之知州其品秩視縣，直隸州則視府。州與府之區別，在知州於治縣事外兼轄其旁之縣，而府則僅轄散州與諸縣，不直接治縣事，故府之附郭有縣而州則否。此與元制稍異，蓋元制州之附郭固尚有縣，及明始裁之也。

　　府州之下為縣。縣亦有三等：糧十萬石以下者為上縣，六萬石以下者為

中縣，三萬石以下者則為下縣。太祖吳元年所定之制也。縣置知縣，以掌一縣之政事焉。

第三節　都司衛所之分布

明祖初起義兵，勒其部下為衛為所，五千六百人為衛，千一百二十人為千戶所，百十有二人為百戶所，總若干衛所而統於都指揮使司及行都指揮使司（指揮使司之在京者稱留守衛指揮使司）。都指揮使司駐在地多與承宣布政使司相同（大寧、遼東、萬全三都司稍異），而行都指揮使司則設於省內他一地方，以輔都指揮使司之不及。京師復置五軍都督府，以統全國之都司衛所焉。

都司衛所之建置，早在洪武初年，其後時有變遷，至成化中葉始成定制，計有都司十六，行都司五：

大寧　陝西　山西　浙江　江西　山東　四川　福建　湖廣

廣東　廣西　遼東　河南　貴州　雲南　萬全　陝西行

山西行　福建行　四川行　湖廣行

而直隸諸衛所尚不在其內。浙江、遼東、山東三都司隸左軍都督府，陝西、四川、廣西、雲南、貴州五都司及陝西、四川二行都司隸右軍都督府，河南都司隸中軍都督府，湖廣、江西、福建、廣東四都司及湖廣、福建二行都司隸前軍都督府，大寧、萬全、山西三都司及山西行都司則隸後軍都督府。

明代都司衛所之建置，本純為軍事之性質，軍士皆為世籍，徵調則屬於諸將，事平則散歸各衛，多以屯墾自給，初與普通行政區劃不相涉也。其後邊境屯防制度日漸毀壞，軍士人民漫無區別，而衛所遂兼理民事矣。邊境州縣省併者亦以其治民之事責諸衛所，於是衛所之一部遂由軍區兼理軍民之

務，寖假而成為地方區劃矣。雖然，衛所漸為地方區劃之情形，固非全國皆如是也。大抵邊關之地守戍責重，其地軍民多與防守有關，故州縣之任即委之衛所，後又置衛所於未設置州縣之區域，故其權漸重；若疆域內則不然，民戶多於軍伍，衛所治民實無必要，於是衛所遂有實土與非實土之區別。實土即兼含民政性質，非實土則專為軍事制度也。

《明史·職官志》：「天下內外衛凡五百四十有七，所凡二千五百九十有三。」此就全數而言也（《兵志》又言：「洪武二十六年定天下都司衛所，共計都司十有七，留守司一，內外衛三百二十九，守禦千戶所六十五。」蓋就明初而言，故與〈職官志〉稍異）。若實土衛所則遠不及其半數。《明史·地理志》附見實土衛所於布政司之下，其略如下：

萬全都司治宣府左衛，領實土衛十一，守禦千戶所二，堡五：宣府左衛、右衛、前衛，萬全左衛、右衛，懷安衛，保安右衛，懷來衛，延慶右衛，開平衛，龍門衛；興和、龍門二所；長安嶺、雕鶚、赤城、雲州、馬營五堡。

遼東都司治定遼中衛，領衛二十五州二皆實土也：定遼中衛、左衛、右衛、前衛、後衛，東寧衛，海州衛，蓋州衛，復州衛，金州衛，廣寧衛，中衛、左衛、右衛、前屯衛、後屯衛、中屯衛、左屯衛、右屯衛，義州衛，寧遠衛，瀋陽中衛，鐵嶺衛，三萬衛，遼海衛；自在、安樂二州。

陝西都司治西安府，領實土衛十：寧夏衛、前衛、左屯衛、右屯衛、中衛、後衛，洮州軍民衛，岷州軍民衛，河州軍民衛，靖虜衛。

陝西行都司治甘州左衛，領實土衛十二，守禦千戶所四：甘州左衛、右衛、中衛、前衛、後衛，肅州衛，山丹衛，永昌衛，涼州衛，鎮番衛，莊浪衛，西寧衛；碾伯、鎮夷、古浪、高臺四所。

四川都司治成都府，領實土衛一，守禦軍民千戶所二，土官招討司一：松播衛；疊溪、黎州二所；天全六番招討司。

四川行都司治建昌衛，領實土衛五：建昌衛，寧番衛，越巂衛，鹽井衛，會川衛。

湖廣都司治武昌府，領實土衛一，宣慰司二：施州軍民衛；永順、保靖州二軍民宣慰使司。

雲南都司治雲南府，領孟璉、剌和莊、里麻、八寨等長官司。

貴陽都司治貴陽府，領實土衛九，所一：龍里衛，新添衛，安南衛，威清衛，平壩衛，畢節衛，赤水衛，敷勇衛，鎮西衛；普市守禦千戶所。

實土衛所僅如上述，較之全國衛所數目相差過甚，然有明一代邊地區劃複雜之情形可以略知矣。

第四節　明代九邊之建置及邊牆之修築

明祖掃蕩群雄，奠一尊之位，又遣徐達、李文忠諸將北驅元裔，順帝率其臣民，倉惶北去。元主雖遠遁朔方，其故國之思，固未或忘，時時乘間南侵；成祖奮威，三犁漠庭，卒以操勞過度，阿魯臺之役遂崩於榆木川，胡虜之盛可知矣。正統以後，邊患日甚，土木之變，英宗北狩，造成明代之巨大國恥，而國門之下猶時為胡騎巡弋之處，故終明之世，邊防極重，而為朝野上下所共憂慮者也。及北虜勢衰，滿州復盛，於是北邊之備，復轉移之遼東，明季幾以全國之力謀保此方，然而國滅族辱，終因於此，履霜薄冰固有其由來也。

明初禦邊，設遼東、宣府、大同、延綏四鎮以為兵備之所，繼設寧夏、甘肅、薊州三鎮以補其不足；尋復以太原鎮巡統馭偏頭、寧武、雁門三關，陝西鎮巡統屯駐固原，因有九邊之稱；於是東起遼海而西迄酒泉，邊備燦然可觀矣。初，明祖既驅元裔，設北平行都指揮使司於大寧，其地居喜峰口之外，形勢極佳，為京師遮罩，與遼東、宣大共成掎角，實邊境之要區也。成

祖起靖難師，兀良哈率師前趨，及即位後，論功行賞，乃徙都司於保定，而以大寧故地界之，因建朵顏、福餘、泰寧三衛，北門鎖鑰付人，藩屏頓空，自是遼東、宣大聯絡不固，聲援遂絕，而邊警益多，胡人之能牧馬於畿輔，薊州之所以成為重鎮者，大抵皆源於此。後又廢興和，徙開平於獨石口，蹙地至數百里，土木變起，獨石諸城遂墟，而宣府益重矣。

　　宣府之西，緊接大同。大同與宣府較，防守尤難；然大同實為居庸、紫荊、倒馬內三關之遮罩，大同防禦稍疏，內三關即感威脅，內三關有警，而京師不安，故欲守內三關，不能不保大同，是以宣府之西，首重此地也。山西總兵兼轄偏頭等三關，所謂外三關也。自開平內徙，東勝有警，外三關形勢頓重。及河套淪亡，偏頭地位益勝，若虜入偏頭，乘大同之背，內三關旦夕告警，帝都震動矣。

　　陝西外接河套，元人既去，乃城東勝州以為屯戍重地。東勝在偏頭關西，距唐受降城故址不遠，亦邊疆之要塞也。其地水草肥美，數起胡虜覬覦之心，成化初年毛里孩、乱加思蘭等相繼入寇，河套遂淪於異族；下迄弘治、正德以至嘉靖，累朝迭議收復，而將怯兵弱，終未成功，延綏、寧夏、陝西、宣大等鎮遂益形重要。防邊帶甲之士常不下數十萬，然猶不能制胡馬之南牧，終明之世殆無時不受其禍。

　　九邊之兵各統於總兵，而以副總兵為之貳，復佐以參將遊擊，其他守備提督尤繁，一堡一寨，皆分兵伺守，以防萬一。其後邊警日急，復使大員巡撫各邊，兼提督其地軍務，各撫之置，先後不一，觀其設置之次第，可略知有明當時邊警之緩急：

　　遼東巡撫　正統元年始設，駐遼陽，後駐廣寧，又移駐山海關，復徙寧遠；

　　宣化巡撫　正統元年始設；

第二十三章　明代疆域概述

大同巡撫　初與宣府共一巡撫，成化十年後專設；

延綏巡撫　宣德十年專設，成化九年徙鎮榆林；

寧夏巡撫　正統元年始設；

甘肅巡撫　景泰元年定設；

順天巡撫　成化二年設，兼理薊州邊備；

山西巡撫　正統十三年專設，兼提督雁門軍務；

陝西巡撫　景泰初設，駐西安，防秋駐固原。

巡撫而外，復於沿邊置三總督，以專責成：

薊遼總督　嘉靖二十九年設，開府密雲，轄順天、保定、遼東三巡撫；

宣大總督　正德二十九年定設總督，轄宣大、山西等處，三十八年定防秋駐宣府，四十三年駐懷來，隆慶四年移駐陽和；

陝西三邊總督　弘治十年始設，轄陝西、甘肅、延綏、寧夏諸處軍務，開府固原，防秋駐花馬池。

其後建置日繁，遼東一帶置撫多至十數，官吏屢多，邊事益不堪問聞矣。

明人防邊，九鎮而外，復汲汲於邊牆之建築。邊牆者何？長城是也。長城之修築遠始於春秋戰國之際，嬴秦繼之，乃成偉觀，其城起臨洮而至遼東，蜿蜒數千里，顧今日所稱為長城者，已非秦氏之舊跡，而為明人之新築。然則明人大築長城，乃稱曰邊牆者，何也？蓋秦皇築長城而後萬世詬之，邊牆云者，避與秦皇同稱也。

明初防邊，多恃關堡，《明史‧兵志》：「洪武二年，從淮安侯華雲龍言，自永平、薊州、密雲以西二千餘里，關隘百二十有九，皆置戍守；於紫荊關及蘆花嶺設千戶所守禦。又詔山西都衛於雁門關、太和嶺並武、朔諸山谷間凡七十三隘俱設戍兵。九年敕燕山前後等十一衛分兵守古北口、居庸

關、喜峰口、松亭關，烽堠百九十六處。……十五年，又於北平都司所轄關隘二百以各衛卒戍守。」邊備之嚴，無與倫比。成祖之時，迭事討伐，北虜雖多畏服，而邊備亦益整飭。考明代邊牆之建築，遠始於洪武初年，其時徐達鎮守薊北，於山海關以西之地，緣山起築城垣，以為邊防。及成祖之世，復於宣府之西建城，直達山西北境。成化八年，余子俊巡撫延綏，奏修榆林東中西三路邊牆一千七百餘里，是城橫截河套南部，東起清水營西至花馬池，巍然大觀矣。子俊後又總督宣大，覆議修山西邊牆，東起四海冶，西止黃河，長約千三百餘里，然子俊竟以是得罪，工亦未畢。成化十年，寧夏巡撫徐廷章復築黃河嘴至花馬池間三百餘里之邊牆。弘治十四年，吐魯番擾陝西西邊，乃修嘉峪關以禦之。次年，總制秦紘復築固原邊牆，自饒陽至靖虜衛、花兒岔約千里。嘉靖九年，總制王瓊復西修至蘭州。嘉靖時，翟鵬、翁萬達相繼總督宣大，於是紫荊等三關及宣大間之邊牆皆得修葺，而萬達之籌邊尤為詳悉。《明史‧兵志》載其言曰：「山西保德州河岸，東盡老營堡，凡二百五十四里。西路丫角山迤北而來，歷中北路，抵東路之東陽河鎮口臺，凡六百四十七里。宣府西路，西陽河迤東，歷中北路，抵東路之永寧四海冶，凡一千二十三里。皆逼臨巨寇，險在外者，所謂極邊也。老營堡轉南而東，歷寧武、雁門、北樓至平刑關盡境，約八百里。又轉南而東，為保定界，歷龍泉、倒馬、紫荊、吳王口、插箭嶺、浮圖峪至沿河口，約一千七十餘里。又東北為順天界，歷高崖、白羊，抵居庸關，約一百八十餘里。皆峻嶺層岡，險在內者，所謂次邊也。」乃修建宣大邊牆，京師得以乂安。而薊州邊牆自山海關以西至居庸關，其間蜿蜒千里，亦得乘間修築。吾人今日所見長城之巨跡，皆此時所建築之鉅工也。

　　然邊牆之修築，非至山海關即止也，今遼寧省中尚有若干段，依稀可見，亦明人之遺跡。明代遼東邊外，西有兀良哈，東有建州之女真，皆常為

第二十三章　明代疆域概述

邊患，明廷即於其地分建邊牆，以防禦之。遼東邊牆之修築，始於王翱之守邊，翱於正統七年提督遼東軍務，始修山海關至開原間之邊牆。其後守臣累事增葺，東南越鳳凰山而至鴨綠江口，環繞遼東之東北，其功亦鉅。明人備邊，築城修塞，竭全國之力，然猶不能禦異族之侵入；今日之外患較之明代，實遠過之，而邊圉不固，守禦無方，上視明人能無愧色！

第二十四章

清代疆域概述

第二十四章 清代疆域概述

第一節 未入關前之滿清

　　清初居於長白山下，明設建州衛以處之。至努爾哈赤時勢漸強盛，侵併其旁諸部落。努爾哈赤之初起也，以蘇克素護河部圖倫城之尼堪外蘭嘗構殺其二祖，乃率眾擊之，下圖倫城，由是累攻棟鄂、渾河、蘇克素護河、哲陳、完顏諸部，遂統一建州。時扈倫四部中之葉赫部最強（扈倫四部為明海西衛地），塞外諸國，盡推之為盟主，及見努爾哈赤疆土漸廣，慮其不利於己，乃遣使要以割地，努爾哈赤不聽，遂生嫌隙。葉赫部酋乃糾合扈倫他三部哈達、輝發、烏拉及蒙古三部科爾沁、錫伯、卦勒察及長白山二部珠舍哩及訥殷，合九部之兵蘇盟來戰，遇於古埒山，九部之兵大潰，努爾哈赤乘間攻珠舍哩及訥殷滅之。先是長白山別部鴨綠江部為清兵所破，至是長白山三部盡為所有（長白山三部亦明建州衛地）。扈倫四部及蒙古科爾沁等部皆來乞盟；既而扈倫四部相繼背盟，因遣兵征之，四部遂亡。明萬曆丙辰乃即汗位，國號金。復遠征東海部，東海部為明野人衛之地，自寧古塔以東迄於東海，皆其人所居；其族以瓦爾喀、庫爾喀諸部為最大，建州兵至皆望風降附。其疆域益廣，西南與明境及朝鮮相接，東境且至於海；後又征服索倫諸部，北疆遠及黑龍江外矣。

　　蒙古科爾沁部於葉赫聯軍敗後，嘗乞盟相安，其後努爾哈赤攻烏拉，科爾沁敗盟往援，又為努爾哈赤所敗；是時察哈爾、林丹汗勢已強，威逼諸部，科爾沁不堪其擾，思結大國以自固，乃再降附。林丹汗為元人後裔，世居於長城附近，為察哈爾部，傳至林丹汗時，其勢頗盛，遂進而侵略其鄰部；然林丹汗遇屬部過虐，於是喀爾喀諸部及敖漢、奈蠻、喀喇沁、土默特等部相率東歸，臣服於金，而金之疆土遂與察哈爾相接。皇太極時，林丹汗受明賄，遂起釁隙，皇太極乃會諸部兵，親率軍征之，林丹汗軍大敗，西逃至青海附近而死，其地盡歸於金。皇太極愈強，乃黜金號而改稱清焉。

初，努爾哈赤之攻葉赫部也，明廷慮葉赫亡而遼東之屏藩失，且使建州坐大，乃助葉赫部守。努爾哈赤書七大恨告天內犯，連破撫順清河，明廷震恐，大舉出師以援遼東，不意薩爾滸之戰，經略楊鎬遂覆其兵。其後熊廷弼、袁應泰先後巡邊，而瀋陽、遼陽相繼失陷，努爾哈赤且由興京遷居遼陽，復由遼陽進都瀋陽，逼近明邊，俟隙西侵。及袁崇煥備邊，寧遠一戰，大敗建州兵，努爾哈赤亦因傷忿死。努爾哈赤死後，皇太極繼立，乘間南攻朝鮮，與之定盟，抒後顧之憂；復以輕師入喜峰口，薄遵化邊，猖獗於畿輔間，都門之下，虜騎屢至。清人又以反間殺崇煥，崇煥死而明之邊備衰矣。是時清兵已南降朝鮮，北定察哈爾，明北邊亦為清兵所據，於是虜騎屢毀邊牆內犯。崇禎十一年，多爾袞之師由密雲直入薊邊，分軍南向，明兵遇者輒靡，清師直至濟南，破其城，始從容北歸。時錦州、松山、山海關等地尚為明守，清軍亦知山海關不得，所取之塞內州縣必不能久保，故數次入寇，蹂躪各地後，即舍之而去。後錦州、松山相繼被陷，山海關勢益孤，及李自成入京師，吳三桂啟關東降，清兵遂長驅直入矣。

第二節　清代行省之區劃

　　清既得入主中國，疆域制度仍因元、明之舊，分置行省。行省之制雖完成於元代，為明人所效法，然明人實不以行省稱；及於滿清，遂復行省之名，惟其制度已稍異於蒙古矣。清之稱行省為康熙初年之事，順治時固仍因明人布政使司之舊，僅改南直隸為江南，蓋清以北京為京師，南京廢不為都，直隸之名無所承受也。

　　康熙初，以十五省區劃過大，因分江南為江蘇、安徽，陝西為陝西、甘肅，湖廣為湖南、湖北，合為十八行省，此十八行省即習語所稱之中國內部也。光緒九年乘回疆亂定，即於其地建設行省，賜以新疆之名；十三年又改

第二十四章　清代疆域概述

臺灣為省，惜中、日戰後已為日人奪去矣。庚子以後東北情形日漸繁雜，因於其地分置奉天、吉林、黑龍江三省，合舊日之十八省而為二十二省。二十二省之下，各設府廳州縣，今略述其屬府及直隸廳州於後，以見其區劃之概況焉。

行省及京府	屬府	直隸廳	直隸州
順天府			
直隸省	保定、正定、大名、順德、廣平、天津、河間、承德、朝陽、宣化、永平	張家口、獨石口、多倫諾爾	赤峰、冀、趙、深、定、易、遵化
奉天省	奉天、錦州、新民、興京、長白、海龍、昌圖、洮南	法庫、營口、鳳凰、莊河、輝南	
吉林省	吉林、長春、新城、雙城、賓州、五常、延吉、寧安、依蘭、臨江、密山	榆樹、濱江、東寧、琿春、虎林	伊通、綏遠、濛江
黑龍江省	龍江、呼蘭、綏化、海倫、嫩江、黑河、臚濱	訥河、璦琿、呼倫、肇州、大賚、安達	
江蘇省	江寧、淮安、揚州、徐州、蘇州、松江、常州、鎮江	海門	通、海、太倉
安徽省	安慶、廬州、鳳陽、潁州、徽州、寧國、池州、太平		廣德、滁和、六安、泗
山西省	太原、汾州、潞安、澤州、平陽、蒲州、大同、朔平、寧武	歸化城、薩拉齊、清水河、豐鎮、托克托、寧遠、和林格爾、興和、陶林、武川、五原、東勝	遼、沁、平、定、解、絳、隰、霍、忻、代、保德
山東省	濟南、東昌、泰安、武定、兗州、沂州、曹州、登州、萊州、青州		臨清、濟寧、膠

行省及京府	屬府	直隸廳	直隸州
河南省	開封、歸德、陳州、河南、彰德、衛輝、懷慶、南陽、汝寧	淅川	許、鄭、陝、汝、光
陝西省	西安、同州、鳳翔、漢中、興安、延安、榆林		乾、商、邠、鄘、綏德
甘肅省	蘭州、平涼、鞏昌、慶陽、寧夏、西寧、涼州、甘州	化平川	涇、固原、階、秦、肅、安西
浙江省	杭州、嘉興、湖州、寧波、紹興、臺州、金華、衢州、嚴州、溫州、處州	定海	
江西省	南昌、饒州、廣信、南康、九江、建昌、撫州、臨江、瑞州、袁州、吉安、贛州、南安		寧都
湖北省	武昌、漢陽、黃州、安陸、德安、荊州、襄陽、鄖陽、宜昌、施南	鶴峰	荊門
湖南省	長沙、寶慶、岳州、常德、衡州、永州、辰州、沅州、永順	南州、乾州、鳳凰、永綏、晃州	澧、桂陽、郴、靖
四川省	成都、重慶、保寧、順慶、敘州、夔州、龍安、寧遠、雅州、嘉定、潼川、綏定、康定、巴安、登科	松潘、石砫、理番	邛、綿、資、茂、忠、酉陽、眉、瀘、永寧
福建省	福州、福寧、延平、建寧、邵武、汀州、漳州、興化、泉州		龍岩、永春
廣東省	廣州、肇慶、韶州、惠州、潮州、高州、雷州、廉州、瓊州	佛岡、赤溪、連山	羅定、南雄、連、嘉應、陽江、欽、崖

行省及京府	屬府	直隸廳	直隸州
廣西省	桂林、柳州、慶遠、思恩、泗城、平樂、梧州、潯州、南寧、太平、鎮安	百色、上思	鬱林、歸順
雲南省	雲南、大理、麗江、楚雄、永昌、順寧、曲靖、東川、昭通、澂江、臨安、廣南、開化、普洱	永北、蒙化、景東、鎮沅、鎮邊	武定、鎮雄、廣西、元江
貴州省	貴陽、安順、都勻、鎮遠、思南、思州、銅仁、遵義、石阡、黎平、大定、興義	松桃	平越
新疆省	迪化、伊犁、溫宿、焉耆、疏勒、莎車	鎮西、吐魯番、哈密、庫爾喀喇烏蘇、塔爾巴哈臺、精河、烏什、英吉沙爾	庫車、和闐

　　清自世祖入關，建都北京，奠定華夏，下至高宗，臻於極盛，版圖所及「東極三姓所屬庫頁島，西極新疆疏勒，至於蔥嶺，北極外興安嶺，南極廣東瓊州之崖山」（《清史稿・地理志》語），較之明代抑又過矣。惜中葉而後，國力漸衰，列強環伺，外侮日多，卒至藩屬離去，疆土被割，遺禍無窮！自德宗時增建行省州縣，迄於末年遂有行省二十二，府廳州縣一千七百有奇（據《清史稿・地理志》），一代疆域區劃，盡於此矣。

第三節　蒙藏底定後之四方藩屬

　　明驅元裔於塞外，中國歸於一統，惟其疆域北限於長城，西僅越河西，蒙古舊部及西域諸國皆不能有也。清人於未入關以前，滅察哈爾林丹汗，內蒙諸部相繼降附，而外蒙喀爾喀三汗部亦嘗遣使入貢；及準噶爾部東犯，喀爾喀諸部舉族內附，遂結以姻婭，感以威力，故終清之世，永為藩臣。喀爾

第三節　蒙藏底定後之四方藩屬

喀蒙古之西，別有額魯特蒙古者，舊分為四部：準噶爾、和碩特、杜爾伯特及土爾扈特，即所謂四衛拉特也。清之初起，以荒遠未服，而準噶爾部漸強，稍蠶食其鄰部，康熙十四年其酋噶爾丹遂盡併合四部舊地，尋又越天山而併南路諸部。時和碩特部已自烏魯木齊移居於青海，復由青海伸其勢力於西藏，藏人苦之；噶爾丹乃陰結藏人，殺和碩特汗而併有其地。尋乘喀爾喀三部內訌，舉兵由杭愛山襲其地，且復覬覦漠南，康熙帝乃親率大軍西征，烏蘭布通及昭莫多諸戰，噶爾丹之勢大殺，西竄而死。噶爾丹雖勢孤走死，其侄策妄阿拉布坦復據其舊地作亂，康熙五十四年大兵再出，遂乘間收復唐努烏梁海，而準噶爾部之亂，猶紛擾不止。迨乾隆二十二年平定伊犂，大事殺戮，準噶爾部人民幾無孑遺矣。準噶爾部平後，天山南路又為回部所據，時清兵勢甚盛，故不久亦歸夷滅。

青海於清初為額魯特和碩特部固始汗所竊據，固始汗且由此而伸其勢力於西藏，及噶爾丹強盛，遂為殘破。康熙時，準噶爾部為清兵追破，固始汗之子孫又重整其舊業，率其族內屬。雍正初，其酋有羅卜藏丹津者，固始汗之蘗孫也，發兵反，清廷遣軍征之，復定其地，遂永為藩屬。西藏舊分為康、衛、藏、阿里四部，自和碩特及準噶爾諸部倡亂西北，西藏迭為所蹂躪，及準噶爾部平定，西藏四部亦相率內屬。

清代底定蒙、藏之後，收其地為藩屬，因其俗而治之；故各藩之疆域制度，多不與內部諸省同。內蒙之地共分六盟：哲里木、卓索圖、昭烏達、錫林郭勒為東四盟，烏蘭察布、伊克昭為西二盟。盟又各分部，部復析為旗，旗即其地最小之區劃也。

哲里木盟四部，其盟地在科爾沁右翼境內：

科爾沁部六旗，

扎賚特部一旗，

杜爾伯特部一旗，

　　　　郭爾羅斯部二旗；

　　卓索圖盟二部，其盟地在土默特右翼境內：

　　　　喀剌沁部三旗，

　　　　土默特部二旗，附左翼一旗；

　　昭烏達盟八部，其盟地在翁牛特左翼境內：

　　　　敖漢部一旗，

　　　　奈曼部一旗，

　　　　巴林部二旗，

　　　　扎魯特部二旗，

　　　　翁牛特部二旗，

　　　　阿魯克爾沁部一旗，

　　　　克什克騰部一旗，

　　　　喀爾喀左翼部一旗；

　　錫林郭勒盟五部，其盟地在阿克噶左翼、阿巴哈納爾左翼兩旗境內：

　　　　烏珠穆沁部二旗，

　　　　阿巴哈納爾部二旗，

　　　　浩齊特部二旗，

　　　　阿巴噶部二旗，

　　　　蘇尼特部二旗；

　　烏蘭察布盟四部，其盟地在四子部落旗內：

　　　　四子部落一旗，

　　　　茂明安部一旗，

　　　　烏喇特部三旗，

喀爾喀右翼部一旗；

伊克昭盟一部：

鄂爾多斯部七旗。

諸盟部之外，別有宣化、大同邊外之察哈爾部八旗，八旗者：鑲黃旗察哈爾、正黃旗察哈爾、鑲紅旗察哈爾、正紅旗察哈爾、鑲白旗察哈爾、正白旗察哈爾、鑲藍旗察哈爾、正藍旗察哈爾。蓋清初察哈爾林丹汗既走死於青海附近，其裔東附，移處於義州；及康熙時，其酋又反，討平之後，移其部駐此，因有察哈爾部八旗之稱，與內蒙古諸部異矣。

外蒙諸部以喀爾喀為最廣。清初喀爾喀分為三汗部，即土謝圖汗部、車臣汗部、扎薩克圖汗部。雍正九年，以固倫額駙策凌擊準噶爾有功，分土謝圖汗部為賽音諾顏部以處之，於是喀爾喀有四部矣。然外蒙古除喀爾喀四部外，杜爾伯特、土爾扈特等部皆亦牧於其地，而諸族於蒙古之外，又散牧於今新疆、寧夏諸處，今並述於下：

喀爾喀後路土謝圖汗部二十旗，屬於汗阿林盟；

喀爾喀中路賽音諾顏部二十二旗，屬於齊齊爾里克盟；

喀爾喀東路車臣汗部二十三旗，屬於克魯倫巴爾和屯盟；

喀爾喀西路扎薩克圖汗部十九旗，屬於札克畢拉色欽畢都爾諾爾盟；

阿拉善額魯特部一旗，不設盟，游牧於河套以西，寧夏甘州邊外，亦曰西套額魯特；

杜爾伯特部十六旗（左翼旗十一，右翼旗三，附輝特旗二），左右翼分為二盟，皆名賽因濟雅哈圖盟，游牧於科布多金山以東，烏蘭固木地；

阿爾泰烏梁海七旗，游牧於烏里雅蘇臺之西；

阿爾泰淖爾烏梁海部二旗，游牧於索果克喀倫之外；

南路舊土爾扈特部四旗，屬於烏訥恩素珠克圖盟南路，游牧於喀喇沙爾

第二十四章　清代疆域概述

城北，天山之南，珠勒都斯地；

中路和碩特部三旗，屬於巴啟色特啟勒圖盟，與南路土爾扈特部同游牧於珠勒都斯地；

北路舊土爾扈特部三旗，屬於烏拉恩素珠克圖盟東路，游牧於庫爾喀喇烏蘇城西南，天山之北，濟爾噶朗河流域；

西路舊土爾扈特部一旗，屬於烏訥恩素珠克圖盟西路，游牧於伊犁河東，天山之北，晶河東岸；

額濟拉舊土爾扈特部一旗，不設盟長，游牧於阿拉善旗之西，甘肅甘州、肅州邊外；

新土爾扈特部二旗，屬於青色特啟勒圖盟，游牧於科布多城西南，布勒罕河流域；

新和碩特部一旗，不設盟，游牧於金山東南，哈弼察克地；

扎哈沁部一旗，游牧於科布多城南；

科布多額魯特部一旗；

唐努烏梁海部。

青海為額魯特蒙古牧地，共分五部：

青海和碩特部二十一旗；

青海綽羅斯部二旗；

青海土爾扈特部四旗；

青海輝特部一旗；

青海喀爾喀部一旗。

青海自昔為西羌、吐蕃盤據之地，自額魯特人侵入，吐蕃遺族遂為所役使，及羅卜藏丹津平後，乃分建土司四十以處之，藉分額魯特之勢，蒙人牧於北，藏族處於南，各據其地，遂得久安。

清代自順治入關，歷經康熙、雍正兩朝，擊敗噶爾丹及羅卜藏丹津諸叛酋，乾隆繼之，國威遠鎮，既蕩平準噶爾，復戡定回部之亂，又因西追叛酋，遂耀武邊外，於是西域諸回部，若巴勒提痕、愛烏罕、拔達克山、布哈爾、博洛爾、塔什干、安集延、浩罕東西、布魯特左右、哈薩克及坎車提等皆來朝貢，比於藩屬；而南方諸國若安南、緬甸、暹羅及西藏邊外之廓爾喀、布魯克巴、錫金亦皆內附，即南洋之蘇祿等地咸遠渡重洋，貢獻不絕，清代之版圖至此極大矣。

第四節　清代地方行政制度

清代諸省既承明人布政使司之舊區，故其行政制度亦多祖前朝之遺制。明制省設左右承宣布政使以理行政，提刑接察使以轄刑名。其後每遇重地要區，復置督撫，督撫因時而設，事畢功竣，其額即停，故明季督撫雖多，究非定制。清代增其權力，遂漸為一省之大員，最高之長官矣。大抵總督所轄或一省或二三省，視其地之繁簡而定。順治初，置天津、宣大、福建、兩江、浙江、湖廣、陝西、四川、廣東、雲貴諸總督；康熙、雍正時有增損，至乾隆時僅餘八總督。八總督者：直隸、兩江、閩浙、兩湖、陝甘、兩廣、雲貴、四川也。八總督中直隸、四川各兼其省之巡撫事，陝督亦兼甘撫。光緒時，奉天、吉、黑置省，因增設東三省總督，合為九督。清初置順天、天津、正保、宣化、山東、登萊、山西、河南、江西、廬鳳、安徽、陝西、延綏、甘肅、寧夏、浙江、江西、鄖陽、南贛、湖廣、偏沅、廣東、廣西、雲南、貴州、福建等巡撫，乾隆時除直隸、四川、甘肅三省外，他省皆置巡撫一人，因成定制。光緒時諸新省建置，亦皆仿疆域內設立巡撫；後罷奉天巡撫，以東三省總督兼理，與甘肅同制度矣。

初，督撫未建之時布政按察二使實為一省最高之官吏，及增設督撫，大

第二十四章　清代疆域概述

權盡為所奪，布政按察漸淪為其屬吏。清初循明制，省各設布政使二人（貴州一人，直隸不設），按察使一人；康熙六年每省各裁布政使一人，寖成定制，明制各省布按二使下置分守分巡道，分守司各地錢糧，以布政使司之參政參議副使僉事兼管，分巡則掌各地刑名，別以按察使司之屬吏轄之，故分守分巡之道員必帶原銜，示為二使司之屬吏。乾隆十八年裁其本銜，定其轄屬，分守分巡各執其事，所治之地始有固定之範圍。

府置知府以轄一府之事，惟順天、奉天二府為首都陪都重地，則別置府尹，以示區別。州有直隸散州之分，亦因明人舊制，惟散州不統縣，與前代稍異；不論其為直隸散州，皆置知州，以治其事。縣仍設知縣，無所改易。清代於府州縣外別創廳制，廳初設於邊省，後漸置於疆域內，亦有直隸散廳之分，略與州同。廳之官制略與州縣相同。

盛京、吉林、黑龍江諸處，略異於疆域內。每處設將軍以掌鎮撫之事，而以副都統為之貳。盛京副都統三人，分駐盛京、錦州府、熊岳城；吉林副都統五人，分駐吉林、寧古塔、伯都訥、三姓地方、阿勒楚哈；黑龍江副都統三人，分駐齊齊哈爾、墨爾根、黑龍江。自改省後遂易將軍為督撫。乾隆時，平準、回二部，因其俗而治理之，故回部置各級伯克，蒙族部落則置扎薩克，與內外蒙古同制；復以伊犁將軍總理天山南北路之軍政邊防諸務。改省之後，建置漸同疆域內。

內外蒙古諸旗各置扎薩克以掌政令，聯諸旗而為部盟，盟有盟長。扎薩克為世襲之職，盟長則由中央任命。中央別派大員駐紮各地以相控制，故張家口有察哈爾都統，熱河有熱河都統，綏遠有綏遠都統，烏里雅蘇臺有定邊左副將軍、參贊大臣，科布多有參贊大臣及辦事大臣，庫倫有庫倫辦事大臣。青海雖為蒙古部族，僅於諸旗置扎薩克，不設盟長，其會盟事務則由西寧辦事大臣處理，與內外蒙古稍異矣。

西藏之政教則由達賴喇嘛及班禪喇嘛掌之，達賴掌全藏之政教，而班禪則僅轄後藏。其下有噶布倫四人以掌行政，仔俸三人以掌財政；宗教事務則由達賴、班禪屬下之僧侶司之；中央置駐藏大臣於拉薩，以總其成焉。

第五節　清代西南土司制度

中國西南各地，蠻夷雜處，其與漢族發生關係遠在秦、漢之時，莊蹻之入滇稱王，漢武之建益州郡縣，皆嘗從事於開發。顧其民族既雜，文化復低，嗜殺好鬥，小不如意，傾族相爭，政治設施稍有不良，即率其種族叛離，致使邊庭不安，而其間彼此之爭執尤易引起各民族相互殘殺，故自漢、唐以來，言西南邊事者，無不注意及此。不論其政策為剿為撫，率以漢夷相安為主。唐、宋於其地置羈縻州郡，元人復設宣慰宣撫諸司，皆所以防其反側，安輯邊疆也。及有明之初，諸土司相率背元來歸，太祖嘉其向善心切，即以原職授之，使得襲其爵祿，保其名號，土官遂漸增多，而土司之制度亦漸完備矣。土官既繁，其中不逞之徒所在難免，故與政府之衝突，時有所聞；中葉而後，猖獗愈甚，播州、水西諸處邊亂如麻，驛報日急矣。

清代君臣頗思改弦更張，雖未完全解決土司之問題，然已較明時差強人意。明代最易引起糾紛者，厥為土司之承襲問題，土司為世襲之爵，固盡人而知之矣。彼中土司子若孫，固為承襲爵士之人，而女與婿亦可沾其餘惠，即族中之子姪，亦莫不有染指之念，故老土司逝世之後，大位之爭執，實為不可避免之事。明廷對此，雖亦有所規定，以防患於未然，惟疆吏每坐視其鬥爭，而後令其勢大者承位，故糾紛日多，輒有牽及大局，引起巨亂者。清廷洞知其積弊，故於承襲之則例，嚴加規定，鑑別其宗支親屬，預藏其屬籍於朝中，一旦起釁，執譜而索，則問題立決矣。然清代猶有逾於明人者，土司之諸子不論其為嫡為庶，皆使分其父之遺土，分土愈多，其勢愈弱，土分

第二十四章　清代疆域概述

勢弱，其爭執與反側機會，自漸減少矣。

　　清代土司之官吏，雖沿明人舊制（明之土司長官有宣慰使、宣撫使、安撫使、詔討使，以及長官司之長官與千夫長副千夫長），而完備過之，官吏有文武之分，文則轄於吏部，武則屬諸兵曹，武職有指揮使、指揮同知、宣慰使、指揮僉事、宣撫使、副宣撫使、安撫使、千戶長、副千戶、百戶、長官司、副長官司、土遊擊、土都司、土守備、土千總、土把總之類，文職則有土知府、土同知、土通判、土經歷、土知事、土知州、土州同、土州判、土判官、土吏目、土知縣、土縣丞、土主簿、土典史、土巡檢之名，各因其族類大小與勢力強弱而分授之。其稱號雖有高低之差別，而互相隸屬之關係則不多見。諸土官不論其地位之高下，遇流官時即低一級，此制為清人所新創，其中實含有防制跋扈之至意也。

　　諸土司之區域自甘肅、青海以南至於四川、兩湖、雲、貴、廣西諸省莫不有之，或據一鄉一寨，或轄一州一縣，小者有地數里，大者乃有至數千里，總諸省土司其數殆不下數百，實居西南諸省中之重要地位。土司不論其官爵之大小，轄土之廣狹，莫不自成一區域，於其領土之內執有莫大之威權，人民財產皆視為私人之所有物，實一區域中之土皇帝也。土司之貪婪者，每役其人民若牛馬，任意宰割而不稍惜，土民受其荼毒，無術伸訴，宛轉承受殆若命運所豫定者然。土司轄地少而權力小者，雖暴虐其人民，其害猶不過一方而已；若土廣人眾，而其力又甚強，往往甘冒不韙，妄有所動作，或劫其鄰部，或舉兵內犯，以致釁起一方，邊庭不安，故裁制與處理，遂為政府不可少之工作矣。

　　清代處理土司之策略，每因時因事而各有不同，其最著效者，則唯改土歸流之法耳。改土歸流者，即於歸化之土司區內廢除其土官，改建州縣，設官置吏，使之同於疆域內也。其法本明人舊制，清代不過因其策略稍覺徹底

而已。改土歸流無異奪土司之實力，故其執行之時頗非易易，每遇專橫暴虐之輩，生性好亂之徒，輒勒其改流，若奉公守法者則仍得保其疆土，享其爵祿，亦非一概棄置也。改流之土司，以兩湖為最多，湖北之散毛、施南、容美，湖南之永順、保寧、桑植及永綏、乾州、鳳凰諸地，皆以改流而為郡縣，其境內之土司殆已絕跡。他如四川之建昌、松潘、天全、打箭爐，廣西之鎮安、泗城，雲南之開化、昭通、麗江、鎮沅、蒙化、威遠，貴州之威寧、郎岱、歸化、永豐等地，亦皆因時制宜，乘間改流。嘉、道之間，復將貴州等處之土千總守備諸職盛加裁損。光、宣之際，又勒令若干土司停止世襲，若雲南之富州、鎮康，四川之里塘、巴塘、德爾格忒，廣西之忠州、鎮遠等地，皆假此法而奪其土地。故至清末，兩湖之內廓清無餘，滇、蜀、黔、廣亦十存五六，僅甘肅一省仍如故耳。土司改流之後，失其疆土，往往迫其部民叛亂，以遂其恢復爵土之欲念，故政府對於此輩歸流後之土司，每多加賞賜，仍許襲其舊號。然各省土司往往傳世至數百年之久，其勢力一時不能完全剗除，故彼輩輒假其餘威，以支配其人民，歸流後之土地，每不能與疆域內州縣同等治理，蓋因此耳。

　　清代改土歸流之政策，多行於接近腹地之土司，若兩湖之間是也。邊地則仍以保存固有之土司為原則，蓋邊民知識固陋，統治不易，反不若因其俗而治之為便也，且邊境每易引起對外之糾葛，輒有利用土司為緩衝之必要，故雖得其土地，而土司不廢，間亦有增置土司之舉，其初或圖苟安，往往貽後世以無窮之患難，此殆清代處理土司之時所未能預料者也。迄於今日，土司問題仍為西南邊省政治上巨大之癥結，斯又待於執政者之努力。

第二十四章　清代疆域概述

第二十五章
鴉片戰爭後疆土之喪失

第二十五章　鴉片戰爭後疆土之喪失

　　清自入關以來下至乾隆，其間諸帝皆一代令主，國勢日益強盛；顧盛極而衰，清室之黃金時代漸隨諸帝而去，不可復挽救矣。向視世界各國皆為蠻夷之族類，文化落後之國家，閉關自守，不屑與之通禮，故乾隆時英使馬戛爾尼（Macartney）遠道來華，恭禮卑辭，懇求通商而不可得。及至鴉片禍起，割地賠款，遂使外人知中國之柔弱，政府之無能，紛至遝來，皆挾其所欲而去，奪藩屬，割良港，造成空前之恥辱，貽以無窮之患難。

　　鴉片戰爭之結果，此老大之帝國一旦為素所輕視之英夷所敗，城下定盟，遂於道光二十二年共結《南京條約》，此約除賠款之外復開廣州、福州、廈門、寧波、上海五口為通商口岸，而珠江口外之香港亦隨此約永遠斷送矣。咸豐時英、法聯軍之役後，與英人結《北京條約》，而九龍司之地又為英人侵占矣。然英人之野心大欲固不因此而稍止。英屬印度東接中國藩屬之緬甸，北與西藏隔喜馬拉亞山，故常垂涎此二地。英人既早有併緬之心，值法人亦欲伸其勢力於該土，遂於光緒十一年遣兵侵緬，占為己有，次年復迫中國共結《緬甸條約》承認之，於是西南藩屬撤矣。英人既占有緬甸，復進而覬覦西藏，光緒十五年遂與藏人啟釁，興兵據哲孟雄，而次年所訂之《藏印條約》，因承認哲孟雄為英人之保護國矣。中國之藩屬既為所攫，又復蠶食中國之海港。甲午中、日戰後，中國國勢益弱，外人租借港口之事紛紛並起，英人乘法議租廣州灣之際，強以保護香港為口實，租中國九龍半島而去（光緒二十四年《中英展拓香港界址專約》），尋又以俄租旅順、大連，復租中國威海衛（光緒二十四年《威海衛租借條約》，此地後來收回，惟海口之劉公島尚為英人保留十年），中國以積弱之下，空見良港為人奪去，亦無可如何。

　　鴉片戰爭使中國與英人結辱國之《南京條約》，其時因受武力之壓迫，誠不得已之事；不意法人乘間來請援例，清廷以新敗之餘，談虎色變，遂與之結修好條約，任其取若干權利而去！英、法聯軍之役，又為進一步之要求，

利權之喪失亦愈多。於是法人見中國之屢弱，得寸進尺，復謀中國之安南，光緒時，遂進兵侵占，戰於諒山，法軍大敗，然清廷猶與法人簽訂條約（光緒十一年《中法新約》），卒承認安南為法之保護國，外交之失策，一至於此！法既占安南，復思租中國廣州灣，會法傳教師在廣州灣附近被害，法遂派兵占領強行租借，清廷不得已，因與訂廣州灣租借條約（光緒二十五年），為事後之承認。

　　中、俄兩國之結約為時甚早，康熙二十八年之《尼布楚條約》蓋已肇其端倪。其時俄國正思伸其勢力於東部西伯利亞，清廷欲阻其東進，與之共結《尼布楚條約》，此約嘗為中國人認為光榮之舉，然額爾古納河北地即於此時斷送，邊疆失地蓋已肇基於此矣。俄人東進之心雖略受挫折，然其開擴土地之志固未嘗稍息，故探險之隊時時出沒於黑龍江外與鄂霍次克海一帶。咸豐時，中國與英、法起釁。俄人乘中國力難東顧之時，與黑龍江將軍弈山共訂《璦琿條約》，約中規定「黑龍江松花江左岸由額爾古納河至松花江海口，作為俄羅斯國所屬之地」，於是黑龍江外諸地盡失，彼俄人又強定烏蘇里河以東至海之間為共管之地，遂伏日後《北京條約》失地之基，僅黑龍江左岸精奇里河以南六十四屯彈丸之地，仍歸中國。光緒拳匪之役，俄人乘機戮中國諸屯居民，而占有其地，事後雖允歸還，迄今猶未履行，蓋已成懸案矣。璦琿訂約後之二年，英、法聯軍入北京，文宗狩於熱河，俄使居間調停，罷戰議和，因藉口索酬，清廷不得已，復與之結《北京條約》，而烏蘇里河以東共管之地完全斷送矣。若黑龍江口外之庫頁島，則俄人於乾隆之時早已收為己有，中國以其荒服島嶼素不注意，及黑龍江烏蘇里河劃界，庫頁島更不暇問聞，遂使大好土地失於不知不覺之中，可慨孰甚！俄人雖得志中國東北，然西陲之侵蝕正方興未艾，咸豐《北京條約》中即涉及西陲各地，約中言由「雍正六年所立沙濱達巴哈之界牌末處起，往西直至齋桑淖爾湖，自此往西南，

第二十五章　鴉片戰爭後疆土之喪失

順天山之特莫爾圖淖爾南至浩罕邊界為界」。故同治三年依此約與清廷訂《勘分西北界約記》議定中、俄邊界「自沙濱達巴哈界牌起……順薩彥山嶺……賽留格木山嶺……大阿勒臺山嶺至齋桑淖爾北面之海留圖兩河中間之山，轉往西南，順此山直至齋桑淖爾北邊之察奇勒莫斯鄂拉，即轉往東南，沿喀喇額爾齊斯河岸至瑪呢圖噶圖勒幹卡倫」，自此再循塔爾巴哈臺山嶺至阿勒坦特布希山嶺，復往西轉南循霍爾果斯河至伊犂河岸之齊欽卡倫，「過伊犂河往西南行至春濟卡倫，轉往東南……由特莫爾里克山頂行……至根格河源……（又）至特克斯河」，循天山至蔥嶺靠浩罕為界，此約訂後阿勒臺山後之阿勒坦諾爾烏梁海部及山前齋桑淖爾以西諸地失去矣。及回亂起，俄人出兵侵入伊犂，清廷派崇厚往俄交涉，崇厚懦弱，損失利權過多，乃復使曾紀澤與之折衝，另訂新約（光緒七年《中俄改訂條約》），保持利權不少，然伊犂西邊地方卒未能璧還。新界順霍爾果斯河，南越伊犂河而至烏宗島山廓里札特村之東，以此地易崇厚所許之特克斯谷地。然明年勘界之時，使臣昏庸，為俄人所愚，以特克斯河流域復界俄人。而科布多、喀爾噶什等處勘界亦喪失疆土不少。科布多勘界為光緒九年事，新界自大阿勒泰山下阿克哈巴河源起，越喀喇額爾濟斯河而至賽哩烏蘭嶺，界西之地盡付於俄人。喀什噶爾之北有察提爾庫里湖，其周盡為膏腴之地，曾使改約之時，俄人即欲得此，賴曾使峻拒，得以保全，而光緒十年勘界之時，反輕輕讓與；而西界且允至烏仔別里山豁，遂起英、俄互分帕米爾之念，光緒二十二年，二國私分其地，中國雖盡力交涉卒無效果，推其本原，此次勘界使臣實不能辭其咎也。自議界以來失地日多，乾隆時蔥嶺以西諸藩，亦無術羈縻矣（巴達克山、愛烏罕屬英，布哈爾、浩罕、哈薩克、布魯特屬俄）。中、日戰後，中國思聯俄以報日，許以若干利益，俄復假口租中國旅順、大連；及日、俄戰後，旅、大又由俄人轉讓於日本。在俄人雖失二港，然本為取之他人，非割土可比，中國

則易餓狼為暴虎，其害益無已時矣。

　　日本之奪中國疆土，始自光緒初年之縣中國琉球。是時日本初強，力謀向外發展，中國積弱外現，遂與日人以可乘之機。甲午戰後，中國大敗，日人因割朝鮮、遼東半島、臺灣、澎湖列島而去；幸得俄、德、法三國之干涉，乃以遼東還，而其他諸地淪歸異族矣。日以俄聯法、德干涉遼東事，憤恨不平，因有甲辰日、俄之戰，戰後，中國之旅順、大連又由俄人轉租於日本，領土任人分剖，無權過問，誠可憐矣！

　　珠江口外之澳門島，明嘉靖時開為葡萄牙通商口岸，葡人年納租金；鴉片戰爭後葡人遂不肯繳納。光緒十三年中、葡兩國訂約於葡京，遂以澳門為葡國永久管轄之土地。

　　甲午中、日戰後，俄人以《中俄密約》得巨大之利益，其他各國亦相繼在華獲得良港，而德人獨向隅，乃假曹州殺德傳教師案，強租中國之膠州灣而去。歐戰而後，此地又為日人奪去，幾經交涉，始得歸趙。

　　外人於奪中國藩屬，割土地，租良港之外，復於各通商口岸劃地為租界區域，在此等區域內，占有者握有實際之政權，中國不得稍事過問，與外人之領土實相類似。如天津一地計有英、法、日、意、俄、德、比、奧八國租界（俄、德、奧、比四國租界已先後收回），漢口有俄、德、法、英、日五國租界（俄、德、英三國租界已收回），上海有公共租界及法租界，其他則英國於廈門、九江、鎮江、廣州、營口等地有之（廈門、九江、鎮江等英租界已收回），日本於蘇州、杭州、福州、沙市、重慶、廈門、瀋陽、營口、安東等處有之（南滿鐵路別有附屬地域，亦中國權力所不能及），法國亦別有廣州之租界，而煙臺、蕪湖、鼓浪嶼又別有公共租界。庚子拳匪亂後，各國為保護駐華各使，乃劃北平城內之東交民巷為外國公使管區域，一國都城而有此等情形，實開世界各國未有之特例。

第二十五章　鴉片戰爭後疆土之喪失

　　中國自鴉片戰爭之後，迄於今日，行將百年，此百年之中，國勢益弱，外患日多，藩屬被奪，領土日損。更有失土於不知不覺之中如黑龍江口外之庫頁島及南洋之蘇祿群島，皆嘗收入版圖，清室中葉以後漫不問聞，任人爭奪。

第二十六章
民國成立後疆域區劃及制度之改革

第二十六章　民國成立後疆域區劃及制度之改革

　　清代之疆域區劃，以省為主，省內復為若干府廳州縣，三百年間，其建置雖時有增損，而其制度則前後相因，無大變更；民國成立，始盛加改革，遂與舊日面目異矣。民國初疆域制度之改革，以廢除府廳州制及建置特別區域二端為最鉅。府廳州制之廢除，清末已肇其端倪，惟僅廣東一省而已。民國成立以後，各省踵事效行，湖北、安徽、江蘇、浙江、江西等省，亦紛紛改革；然是時國體初定，法令尚未統一，故省自為政，遂至相互參差，至為不齊，湖南、貴州、廣西等省且有升縣為廳州者。民國二年，政府為劃一國內制度計，乃令各省一律裁府與廳州，舊制遂完全廢除，而縣名亦多有所釐正，全國疆域區劃一時有新氣象矣。

　　民國初建置特別區域有四，熱河、察哈爾、綏遠、川邊是也。其地居中國本部及蒙、藏二地方間，而熱、察、綏三區尤多為內蒙古故地。四特區之建置以綏遠為最早，而熱河、川邊、察哈爾三區繼之。民國二年十一月，以山西口北之歸化城、薩拉齊、清水河、豐鎮、托克托、寧遠、和林格爾、興和、陶林、武川、五原、東勝等直隸廳舊地陝西、河套之地及內蒙伊克昭、烏蘭察布二盟諸旗牧地建綏遠特別區域。次年一月，復以直隸之承德、朝陽二府及赤峰直隸州舊地，及內蒙昭烏達、卓索圖二盟牧地設熱河特別區域。其年四月，又以川邊、滇邊毗鄰西藏等處，劃為川邊特別區域。六月，又以直隸口北道之獨石、張北、多倫諸地與綏遠之豐鎮、興和、涼城、陶林四縣及錫林郭勒盟察哈爾八旗牧地建察哈爾特別區域。舊順天府則於民國二年改為京兆地方，以其為京師所在故耳。

　　民國初既裁遜清之府廳州，而諸省之區域過大，轄縣數多，統治不易，因釐定道制，使居省、縣之間，每道轄縣多者三十以上，少者十餘，各因其人口疏密，政務之繁簡而別其隸屬，其名稱如下：

　　直隸省　津海、保定、大名、口北四道；

奉天省　遼沈、東邊、洮昌三道；

吉林省　吉長、濱江、延吉、依蘭四道；

黑龍江省　龍江、黑河、綏蘭、海滿四道；

山東省　濟南、濟寧、東臨、膠東四道；

河南省　開封、河北、河洛、汝陽四道；

山西省　冀寧、雁門、河東三道；

江蘇省　金陵、滬海、蘇常、淮陽、徐海五道；

安徽省　安慶、蕪湖、淮泗三道；

江西省　豫章、廬陵、贛南、潯陽四道；

福建省　閩海、廈門、汀漳、建安四道；

浙江省　錢塘、會稽、金華、甌海四道；

湖北省　江漢、襄陽、荊宜、施鶴四道；

湖南省　湘江、衡陽、辰沅三道；

陝西省　關中、漢中、榆林三道；

甘肅省　蘭山、渭川、涇原、寧夏、西寧、甘涼、安肅七道；

新疆省　迪化、伊犁、塔城、阿山、阿克蘇、喀什噶爾、焉耆、和闐
八道；

四川省　西川、東川、建昌、永寧、嘉陵五道；

廣東省　粵海、嶺南、潮循、高雷、瓊崖、欽廉六道；

廣西省　南寧、蒼梧、桂林、柳江、田南、鎮南六道；

雲南省　滇中、蒙自、普洱、騰越四道；

貴州省　黔中、鎮遠、貴西三道；

川邊特別區域　邊東、邊西二道；

熱河特別區域　熱河道；

第二十六章　民國成立後疆域區劃及制度之改革

　　察哈爾特別區域　興和道；

　　綏遠特別區域　綏遠道。

　　國民政府成立之後，遷都南京，廢諸道，行省縣二級之制。熱河等特別區域皆改為省，使全國政治區劃趨於簡單，遠近一致。尋復建寧夏、青海二省，而直隸、奉天亦改為河北、遼寧。其建省改稱之時略如下表：

　　熱河省　舊熱河特別區域，民國十七年九月改省。

　　察哈爾省　舊察哈爾特別區域，民國十七年九月改省，劃河北（直隸）之宣化、赤城、萬全、龍關、懷來、陽原、懷安、蔚、延慶、涿鹿十縣來屬，又以民國初年由綏遠割來之豐鎮等四縣還綏遠。

　　綏遠省　舊綏遠特別區域，民國十七年九月改省。

　　西康省　舊川邊特別區域，民國十七年九月改省。

　　寧夏省　舊甘肅之寧夏道及阿拉善額魯特額濟納舊土爾扈特二旗地，民國十七年十月改為寧夏省。

　　青海省　舊甘肅之西寧道及青海地方，民國十七年十月改省。

　　河北省　舊直隸省及京兆地方，民國十七年六月併京兆入直隸，改直隸為河北省。

　　遼寧省　舊奉天省，民國十八年二月改遼寧省。

　　首都及通商大埠或人口稠密之區，皆別設市，市有隸於省政府者，有直隸於行政院者。直隸於行政院之市有六。其名稱及建置之年代如下：

　　首都市　民國十六年六月，以南京城郊區域置市；

　　上海市　民國十六年七月，以上海縣及寶山、南匯、松江、青浦等縣之一部置市；

　　北平市　民國十七年六月以舊都城郊置市；

天津市　民國十七年六月以天津置市，十九年一月改隸於河北省，近復隸於行政院；

青島市　民國十八年四月置市；

西京市　民國二十二年二月，以陝西省城置市。

清末於新闢土地及改土歸流之區，往往斟酌當地之情形，建置設治局，以為置縣之準備；入民國後，此類建置益多，而升為縣者亦非少數，邊地荒區皆可藉此開發。省市縣之外，別有行政區二處，威海衛及東省特別區是也。威海衛舊為英人所租借，東省特別區原為中東鐵路附屬地，其行政權久操於俄人，二地收回之後，以其情形特殊，故設特區以治理之。若外蒙、西藏二地方，則仍因舊制，無所改革也。

中國現行之省制，乃承元人行中書省之舊，區劃過大，動感不便，加以改行省縣二級制度以後，統治指揮稍覺不靈。近年迭有倡縮小省區之議者，然茲事重大，關係甚巨，非一時所能實現。政府年來就江蘇、安徽、浙江、江西、湖北、福建、河南、四川等省創設行政督察區，每區各轄若干縣，蓋以補救現行地方制度之不足，惟新制初建，尚未能普遍耳。

（署名顧頡剛　史念海著）

中國疆域沿革史：

從夏商周到民國初年，中國地理史之開山巨作

作　　者：顧頡剛，史念海

發 行 人：黃振庭

出 版 者：崧燁文化事業有限公司

發 行 者：崧燁文化事業有限公司

E - m a i l：sonbookservice@gmail.com

粉 絲 頁：https://www.facebook.com/
　　　　　sonbookss/

網　　址：https://sonbook.net/

地　　址：台北市中正區重慶南路一段六十一號八
　　　　　樓 815 室

Rm. 815, 8F., No.61, Sec. 1, Chongqing S. Rd.,
Zhongzheng Dist., Taipei City 100, Taiwan

電　　話：(02)2370-3310

傳　　真：(02)2388-1990

印　　刷：京峯彩色印刷有限公司（京峰數位）

律師顧問：廣華律師事務所 張珮琦律師

國家圖書館出版品預行編目資料

中國疆域沿革史：從夏商周到民國
初年，中國地理史之開山巨作 / 顧
頡剛，史念海作 . -- 第一版 . -- 臺
北市：崧燁文化事業有限公司，
2022.05
　面；　公分
ISBN 978-626-332-343-8(平裝)
1.CST: 疆域 2.CST: 中國史
681.2　　111006114

定　　價：350 元

發行日期：2022 年 5 月第一版

電子書購買

臉書

蝦皮賣場